Gerardo D'Orrico nato a Cosenza il sei marzo 1976. Compiuti gli studi di maturità scolastica ho frequentato le università di Arcavacata e di Bologna ma senza conseguire la laurea, ho una buona conoscenza informatica e di alcuni strumenti musicali. La mia gioventù è stata tra la residenza di Luzzi e Cosenza per gli studi o nella città natale di mia mamma Villapiana sul mare. Ho fatto moltissimi viaggi in l'Italia e qualcuno all'estero, dopo il servizio militare ho aiutato mio padre con il suo lavoro e mi sono dedicato alla scrittura in prosa oltre a proseguire la mia passione per l'informatica e la programmazione software, ho creato e gestisco il sito-web Beneinst.it, dove ognuno potrà inserire gratuitamente le proprie pagine di diario in lettere, poesie, disegni, quadri o foto. Vivo a Luzzi dove tra le altre occupazioni e la ricerca per l'arte tecnologica, continuo con la scrittura, la revisione o la pubblicazione dei miei testi, fino a ora ho scritto quattro libri in forma di diari: 1. Il bene e il male, memorie 2. Un soffitto di cenere 3. Siamo già noi tra dieci minuti e 4. Dillo tu te stesso.

Foto attuale 2015 – GD

Gerardo D'Orrico

Il bene e il male, memorie

Diario

Prefazione

Questo libro è il primo manuale sull'essere contemporaneo e diario personale scritto da me. La calma del benessere, delle invenzioni. Gli aspetti tridimensionali degli oggetti concreti e umani, per una ricerca nel pensiero individuale. Un'opera che libera da impegni stilistici, gli errori sono di tutti, il presente deve essere rappresentato ma, senza la paura di aver realizzato uno errore più grande del silenzio prima accettato. Scegliendo un discorso, promette una soluzione giornaliera definitiva all'arte retorica - storica.

Descrive le mie esperienze, fantasiosamente le memorie di un bene nella terra dei mali. Diario scritto in modo semplice, una forma testuale a colmare anche un'assenza d'informazioni complete sul diritto al bene, che caratterizza un'insensibilità nelle pubblicazioni pubbliche e giornalistiche. Un fenotipo comprensivo di oggettività moderne materiali, cristiane e arabe. Vuole rappresentare una porta verso il futuro, un partito nuovo.

Il periodo delle diciotto lettere contenute raggiunge d'agosto 2005 a marzo 2007. Buona lettura, *Gerardo D'Orrico*

1.
Est, estate '05

Riassuntivo, 30.08.2005

Ciclo: nessuna esperienza può fermare cos'è già cominciato, serve lottare contro il vuoto, non si può scappare. Nel tempo tutto ritorna, chi resta di questa filosofia è già molto avanti. Tra un anno ci sarà un nuovo colpo d'orologio, dove tutti verremo rivalutati e riportati sul conto per superare ancora benevolente. L'unica alternativa rimanente è organizzarsi da soli per un rigetto del nulla, per l'impossibilità, o per procedure fisiologiche da riassumere per forza. All'ignoranza, alla volgarità occorre essere superiori, volare più in alto per non sentire male sulla pelle o nel cuore, per quel che può interessare nelle persone, nello Stato, nelle leggi… poi esiste un male. Un riciclo verso un bene non può essere fermato, fatti catturare resta, ciao.

<u>La risposta del bene</u>: ...è una rete, una serie di cavilli legali e naturali che permettono il risveglio, l'interruzione di un ciclo ripetuto. La vita è un sogno, un software di raccoglimento immagini film, più vado avanti mi sembra di aver scoperto una nuova scienza. In un modo dopo, in un altro sempre un bene si propone anche senza lo Stato, e io stranamente ho questa figura umana. Cos'è all'infuori delle esperienze singole o personali fa rabbia, ancora nessuno se ne occupa, si vive a tratti persi nel viaggio un sogno senza bene, un film com'era dieci anni prima... servirebbe una nuova programmazione o un software più aggiornato. Un giorno arriveremo superando tutti i muri, il mondo vive tra qualche anno fa, il tempo è uguale alle garanzie che ha il bene.

<u>(29.07.05)</u>: cresce e si rinforza nel tempo poi, il futuro è garantito, ogni singolo giorno si conferma, fino all'assenza del peccato, saremo ripagati per la nostra resistenza, tutto sarà legale, l'omesso cancellato. Vedremo l'estate che ci aspetta, l'inverno e gli anni a venire. Diversa sarà la luce, migliore la legge ehm, in corrispondenza di quel che si vede ci sarà una posizione legale. Un ascolto non esiste, le carceri che si vivono un giorno sono per sempre, non dimenticare dimmi la tua situazione odierna, sogna per verificare realtà, rivedremo il Sole, sarà

cambiato. Descrivi tutto, cosa ti è successo, cosa o chi ti parla. Un tempo verrà per la gloria, rivelerà che ci sono verità nascoste, le luci saranno più grandi, non resterà più un male, di cosa dovrei aver paura da qui non si va da nessuna parte in avanti, salteremo di sopra.

<u>Un angelo</u>: posti dove non c'è niente non esistono al giorno d'oggi, dove sembra tutto normale di solito siamo qui o nel male, dove non vive niente di paranormale o inventato in un albergo, esistono diverse nature. Sto fermo a pensare su me stesso, il futuro, la mia carriera e di come il bene esiste così per tutte le cose, e l'atto che decide qual è il sotterraneo, la vita per l'amore, la scelta e lo stop. Si pensa quanto si è accecati! Accecanti son mali. Esiste una soluzione logica più grande delle nostre aspettative, cosa sognavamo è la strada primaria principale. Chi ci ha rubato lo fa con tutti e tutto, lo fa per vivere ma, la nostra società non è scissa, non è aperta per questo. Verrà lo stesso futuro di ora anche dopo, anche solo per i nostri figli, con tutta la frenesia moderna del dire no. Chi vive nel mondo senza un'accoglienza, nientemeno c'è chi di mondi, come forme estranee o nuove alla propria vita, sotto una grande nuvola fatta d'umani levati da terra dai cristiani nei secoli, in attesa di trasferimento all'inferno. Si vede che 'l bene è

presente, come spiegarti di cosa parlo, guarda c'è un pulsante basta premerlo per scaricare le informazioni, diventa un essere di pancia e di cuore non preoccuparti del malessere.

<u>Un sogno rivelatore</u>: un incubo verifica che siamo tutti prigionieri nel male, come se volesse dimostrare che siamo soli o, il male è solo tuo o mio. L'istinto vive nel bene, la vita è come un sogno, da ciò un bene è un sogno, quante cose ci sono d'aspettare o basta uccidere quel virus? Vedremo un sogno, la qualità della costruzione! Come si fa a restare nel male, le uccidono le persone che stanno nel male.

<u>Stamattina al mare</u>: lo devi abbandonare del tutto 'l corpo del reato, così pensa al bene proprio come l'aspettavi, una forma perfetta classica e moderna, se non credi più a nulla in realtà ti sei spostato o, ci deve essere qualche problema. Devi lavorare, forza con le braccia, il mondo è al contrario, tutte le idee invertite, non a quelli dopo di noi è riservato il mondo, abbandona il male qui è tutto protetto, non senti il cuore? Guarda non bisogna andare per forza con quella statura, si può anche farne a meno.

<u>Nuovo</u>: un'allucinazione non può durare per tutto l'arco di una giornata poi in seguito per altri giorni, penso nessuno ha descritto niente di legale

per quanto riguarda questo, saremo pure possessori di un computer con due o quattro cuori, che riesce a far vivere senza male anche lì dove esiste, come si creano due habitat diversi fino all'unione del tutto, in modo separato! Ogni giorno che passa la zona del bene dovrebbe crescere ma non se ne ha notizia alcuna, nessuna informazione, non abbiamo un documento. La rete nel tempo al giorno d'oggi crea oggetti o persone tanto responsabili dove un male è segnato come tale, attendere tue notizie mi sembra il caso.

<u>Regole dell'ingestione</u>: gli alimenti dopo aver mangiato o durante il sonno contribuiscono a far in modo che l'entità personali si mantengono inalterate, come dei ticket d'entrata alle proprie cartelle per arrivare nel mondo, regolano l'esperienza, fanno giusta strada per ritrovarsi nell'aldilà, se non altro un futuro certo una volta scomparsi del tutto gli umani che non ricevono bene. Anche a distanza di mesi o di anni tutto ritorna, costringendoci a volgere la propria esperienza verso una concretezza certa nel dubbio, cos'è esperienza viene riportato come assunzione, non un vuoto bensì uno spazio capiente con delle qualità, delle scatole capaci di registrar gli eventi nel tempo, far reagire il resto del corpo per legge. Il futuro è non ripetere le negatività o, reati per il bene. Ecco cosa un male

cerca di fare a noi, come da sempre farci sbagliare, ma normalmente la strada viene ripresa verso l'ascesa al bene. L'insufficienza che troverai, se questa in funzione non sarà risolta ancora ti dirà tanto, ad esempio come vengono parlate le persone, la presenza di beni, l'altro mondo collegato a questo, anche come si cambia. In poche ore in rete acquisirai qualsiasi nostra esperienza, per avere un esito. On, apri gli occhi, la vita è un sogno 31.07.05

<u>Vero</u>: è vero ci hanno sparato, di noi nessuna notizia ma esiste un bene, i soldi, il tempo passa, le posizioni no. La nostra grande radica ferma, o di chi non può uscire dalla sua situazione, il resto gira attorno. Vorrei più libertà nel pensiero, nelle azioni, si accetti la situazione attuale non quest'accecante percorso, strade bagnate ma dal rinnovo della pioggia, non chi devo chiamare che deve sembrare una fossa infernale, e poi non si riconosce nessuno. Tutto il bene è possibile ma si vede che ancora non si hanno dei nomi al presente e siamo come licenziati da questo mondo in aspettativa di un altro. Nessun discorso, non si sa poi, invece è solo un male che non ci fa parlare, purtroppo un fenomeno di gruppo, riconoscere un bene viceversa è una prerogativa iniziale per la giornata. Fanno in modo che in un futuro così grande risulta quasi impossibile un nostro punto, l'uno è un male,

un altro è solo un bene all'inizio di un'esperienza singola… effettivamente servirà superare un trauma psico intellettivo per arrivare a vedere un bene più intero.

<u>Rete</u>: in bene ci sono tante differenze a cominciare dalle persone, sono costruzioni-ambienti non persone naturali, non esiste qualcuno che può farsi comandare dal male, non si deve entrare nel corpo. Nel nostro odierno non si parla di male in modo esatto del nome, come della sua guerra malata, nessuno può abolire cosa cominciato saremo travolti, tutti conosciamo personalmente l'esistenza passata e quelle tante altre cose che sembrano, quando imparerai? Il potere di un bene è tanto conveniente, non potrai più staccarti… ridi bisogna svegliare la principessa. Partiremo! Quello di prima era tutto il male realizzabile in questo universo, non si nasce sotto i cavoli, chi ci comanda pagherà caro. Un male non trova differenze nelle persone, ma durante una giornata dovremmo pur svegliarci un quarto d'ora, e nemmeno ci è garantito esplodere dalla piccolezza. Resta sempre acceso, tra qualche anno sarà meglio, o un recupero, G.

<u>Nessuno ci ha ancora chiamati</u>: siamo orrendamente nascosti! Ho trovato che l'habitat "the male" è una manifestazione di gruppo, sembra quasi uguale, copiata dalla nostra. Il resto è visto

che lo sai, ma qui nessuna vita è uguale a un'altra. In legge siamo dei singoli, perché dovremmo avere delle allucinazioni di gruppo, comprese altre visioni sonore, qualcuno giustifica, nessuna istituzione. Siamo tutti coinvolti invece nella serie d'insufficienze, per forza collaboriamo, cosa verrà sarà un mondo più in alto, in funzione di una seconda esplosione. Quando scompariranno queste vesti che celano l'io e la vita, vivremo distaccati da ogni esperienza di male, l'informazione sarà disponibile per tutti, qualcuno con forza libererà le terre del pianeta da questa oscurazione mentale. Chi ci fa vivere prigionieri ancora di questa falsa, è passato tanto tempo ma la pazienza non ha limiti umani? Sarà data la possibilità comune di aprire gli occhi davanti a un mondo diverso, colorato.

<u>In collegamento</u>: in questo mondo se non ti capita una disgrazia resti come se dormissi, è mal amministrato il nostro pianeta, l'unica strada non ci è garantita, credo ci sveglieremo nella pubblicità. Qui non c'è rimasto nessuno, solo un incubo: se potessi raccontargli cosa non credono. È troppo, l'hanno negata la realtà, la rivoluzione, la fine del mondo un giorno. Guarda chi ti costringe a parlarmi, l'ha cancellato te stesso, ora è tutto un sogno, la vita non esiste più. Ancora dopo anni sempre è l'esperienza quotidiana avanti, tutti siamo

come registratori di tutti, di circostanze così assicurando un ritorno anche senza dichiarazioni pubbliche, abbiamo una posizione di viaggio con delle cartelle cliniche, sempre ben nascoste. Un bene viene camuffato, si può solo rigenerarsi da questa rovina catastrofica, dal mondo alla fine putrefatto, dalle istituzioni non rinnovate assieme a noi. Niente può la psicologia affarista del male, qui tutti siamo costretti al percorso distinto dalla nascita, o da sei a dodici anni in poi, cosa vuoi riparare a questa età? Si può solo passare per sempre in modo completo a un'altra esistenza, già segnati "un giorno si rinasce" come chi male è già uscito dalla gara, non ti hanno detto niente? Non importa bastano gli occhi, la realtà è smisurata può sembrare utopia, per riconoscere chi, basta osservare in modo normale, quando ha un futuro normale. Avremo un progresso degno dell'aspetto, tutto è prestabilito, non mi scappa niente, anche il modo di comunicare o pensare alle persone è cambiato, occorre dichiarare le nostre malattie sempre, non si perdono le informazioni. Siamo noi e loro, non si può uscire da una situazione assunta dal tempo, nostra volontà forse andremo sempre meglio. Solo l'esperienza può cambiarci, non ci hanno cancellato del tutto, scusami ma cosa sanno fare è solo il suicidio. Vero è che siamo in un deserto e, non è vero che le cose vengono da sole, siamo noi o chi per noi a trovarle, poi chi cancella di certo non è un bene, infatti per ottenerlo bisogna ricostruire la scena, le strutture, la storia sono vecchi e piccoli poteri, ci vengono appresso per quel che hanno fatto o che faranno, il presente è il luogo rivelatore non dimenticartelo mai ma, attento sentirai di sicuro un gran fragore cupo e rimbombante quando saprai, noi siamo già qui pronti! C'è bisogno di rinnovamento, ciao.

<u>Lettera</u>: un tuo saluto è sempre molto, sono sicuro dell'esistenza di quell'occulto. Ho superato i levati, ora è praticabile valutare la consistenza o una disfunzione, l'impossibilità di fare, l'indicatore degli umani. Un male c'è successo, non si può nulla, quando si avrà pubblica la strada, il sistema sarà strutturato per sottostare al primo ma, uno esiste sempre, per non offendere altrimenti non si vive. Il resto scivola mantenendoci legati all'esistenza e al sistema, chi ti detto che sei una piccola persona, sei un ambiente largo a differenza del tale. Verso il bene non c'è dubbio, un giorno l'istruzione se vuoi l'istituto, modificherà totalmente l'esistenza, come sempre. Belle le vacanze abbandonate ai ricordi più belli, lascia scivolare l'esperienza come una pallina in libertà, il risultato sarà bene.

<u>Dimmi la verità</u>: tu non credi molto, anzi non credi per niente alle potenzialità non pubblicate dell'odierno mondo… già, sembra passa tutto inosservato, il passato recente scompare, tutto viene celato come se si potesse fare, niente è invece un altro bene ch'abita proprio dove stiamo. Un giorno arriva in qualsiasi modo, nessuno ancora parla eppure è successo. Ho certezze di rapporti modificati artificialmente tra due o più persone, come tutto per te o noi, svolti dai genitori, dagli amici, dalle amiche, dai cittadini della tua città in coerenza con il ragazzo "adatto" più altre cose indicibili e non prospettabili, costruiti sulla disposizione di una società esplosa poi, subappaltata o rubata anche ma, adesso è estate nessuno sembra interessato, come del resto per tutto l'anno, ancora non si è presentato un modo pubblico o partecipe alla grande avventura del bene, per quanto grande sia spesso fa paura, fa indietreggiare, anche colpa di un potere oscuro mafioso che ha influito sulle persone, il potere dell'impotenza, farò tutto io se non si presenta qualcuno. Una costruzione ci porta in un mondo superiore, più accessoriato, la sorpresa sarà così grande, non so chi reggerà l'urto. Oggi siamo in un punto di partenza, significa anche senza supporti precedenti. Questa vita è varia, colorata, non si può vivere per sempre sospesi, a

volte si cade anche tutti assieme, se vuoi è come in un incidente, si scopre che non si continua in modo lineare ma comune a due, nel bene tutto ti è concesso, nel male sembra tutt'oscurato.

<u>Ho visto migliaia di persone</u>: spente come pesci morti nel mare, dormire da svegli. La nascita avviene quando il malsano muore, si scopre la vera natura. Un male inteso da persona che ha l'anima levata in cielo, chi sta zitto non sono io, in felicità da dentro vivo la vita sempre, osservo la natura delle cose per gioirne e creare. Credo nell'eterno ritorno delle cose, mi capita di uscire di casa e trovare realtà in modo molto diverso da quello descritto, nei telegiornali soprattutto conferma della decomposta società che fonda al culmine un male come forza bruta maggiore, forse non ancora abbastanza evoluta per comprendere o interpretare un bene? Aspetto gli avvenimenti. Tu non sei un male, un giorno verrai riscattato. Chi vive è senza sorta, senza un futuro programmato, è una morte senza proseguo, una strada senza fine, come ci si può trovarsi in posti sempre immaginari, è una denuncia dov'è l'ignoranza, posti come ubicazioni mortuari, si vive tumulati da diverso e lungo tempo. Apri gli occhi per vedere un sistema metrico di valori sbagliato, nessuno si interessa eppure tutti sono interessati nel ricordo, nel tempo, le età,

l'avvenire. <u>Un bene è perfetto</u>: una volta imparata la lezione è un lavoro continuo. Sono grande non ho voglia di fare di nuovo il giro, un tuo saluto è molto meglio di tante altre cose, sei una bomba custodita nel tempo, veloce e insaputa contro il male. In attesa le regole, l'inizio alla secessione. Il bene e i sogni si realizzano come cose materiali che appaiono usciti dalla non conoscenza, la terra brucia, è risolto il pomeriggio. Credi in niente, quindi non c'è niente da fare, non si è fatto nulla, sai vorrei sapere chi si occupa di un male. È vita bruciata, non si può interrompere un ciclo iniziato, si cade di colpo sulla propria esistenza, non si torna indietro, chi è così arrogante da voler nascondere gli interessi, il mutabile è il colore del bene, si ricadere sulla terra prima della morte, deve essere uno sport! Addio stato cittadino dell'oscurità e chi ne parla, l'installazione del mondo al contrario, utopistico. No, non voglio fare di nuovo il giro sono già passato, tutte le agevolazioni è sembra la terra dei divieti.

Qui ho trovato pace, un'altra aria con vasti spazi riposo e compagnia di persone amiche, niente male o caotica città… che la vita ti sorrida sempre e il Sole nel tuo cuore non muoia mai. Buone vacanze, G.

2.
Documento.docx

16.09.2005

Irrompere: la verità è come un mazzo di carte o di effetti, malleabile, importantissimo per la legge, il silenzio, la luce naturale del Sole, della Luna, senza aggiunte come l'aria che respiriamo. I beni sono bellissimi, non belli, come quando ti fai più grande, ti muovi da solo, non pensare sempre che già lo fai, il tempo è passato cerca la strada è stata già segnata, si va avanti. Il tempo forma reti di universi e scopi per noi, l'arte segnala in obliquo né troppo alto, né troppo basso così è utile. Nel reale i mali pure portano dei problemi: amore è sabato, l'Italia è un errore, un chiaro sentore del guasto, un possesso del male ma, proprio come tanti anni fa tutto è a posto, la strada è diritta, ai lati degli alberi da attraversare. Cosa succede mi interessa, penso bello regalarsi un pacchetto di sigarette, passare la serata a fumarle quasi tutte. Liberati! Non si scappa da questo posto, il bene lo decidi tu, la vita decidi tu. Era un grande errore non appagarci, come l'esser sparati di male, cioè senza una speranza, sempre meglio un contatto più in là, cosa siamo venuti a fare se non per compier tutto il bene. Dai gioca, muoviti, non darti alla fuga è molto più forte il bene, anche se per molti non esiste o verosimilmente ci sono solo quei demoni, loro imperano il mondo sommerso e le facce ricoperte.

In te entra il male forse? Sei distratto? Avremmo resti dell'animale uomo addosso ma è vero che ci siamo presi solo la parte d'amore concessa o pretesa lasciando il lusso. Abbiamo regalato al diavolo non al demonio per entrare a far parte della società, poi il demonio dovrebbe essere un male e preferiamo viver fuori, infatti si dice che chi è entrato ha trovato la luce, in realtà si è rovinato, imbrogliato. La testa non devi né alzarla, né abbassarla, lasciala diritta e muovila nei sensi orizzontali per trovare la tua legge poi minimizzare non lo devi fare per forza, maledetto chi ha fatto i luoghi comuni, tutto è già qui come all'improvviso l'avessi già superato, trascurato o te l'hanno rubato, di questi tempi si vive nel mondo di cosa non doveva succedere e, di male non denunciato. Devi essere profondamente ricco, pratica un'arte. Grazie sì, grazie a te, esiste tanto materiale oltre la morte in vita, siamo in un carcere non richiesto, uniti nella sorte poi in fine è solo sicurezza che un giorno andremo oltre, tra l'altro per lo Stato siamo tutti solo beni, trasparenti, limpidi e immacolati, e comunque se non riconosci un male di norma non facciamo niente. Qui si trascorre il sereno esistere, cioè solo immaginazione poi si trasforma in realtà, il novanta per cento di cosa si vede, del resto è matematica o il contrario, la nicotina può essere anche un'amica e la solitudine varia, poi ci sconvolgeranno le idee, ci sono molte persone che non pensano per niente, non è neanche colpa loro, in rete quasi tutti siamo spinti fuori, non si sente un male acuto. Asini e pecore che si chiamano a vicenda o, fedeli del male, non sanno nemmeno cos'hanno detto. Se accade un male non sai che succede! Com'è esageratamente fuggente il tempo, com'è mal sfruttato il genio della vita, il presente. All'arte stai attento come agli inutilizzi dello Stato, una scheda di cose possibili, com'è reale il resto occultato, in memoria di un mondo che non esiste più o, s'ostenta ancora portare. Paure, terrore quanti mali si devono sconfiggere ancora, l'ignoranza forse uno Stato. Uscire fuori da un ciclo ripetuto sani è una realtà che vietato pensarla, alla fine del tempo verrà individualizzata, il quesito è ovvio, la soluzione è certa. Il mondo si è fermato poi è ripartito l'anno duemila, non solo io un male impedisce un'arte, un'armonia fin quel che può, comunque siamo in rete il gioco è fatto, siamo prenotati spero ti vada bene, sempre. Abbasso i mali installati alla luce del Sole e frutti misti in più, occorre saper scegliere le persone da frequentare, l'esperienza dipende tutta dalle abitudini… vediamo di chi sono le responsabilità, non pensare male, non è morto nessuno.

Che 'l passato brilli come il Sole del presente.

16/09/2005

3.
La riconoscenza

04.10.2005

La gente non vuole riconoscere il bene, pur essendo nel massimo del male tutto è normale, si pensa… ma non sono in attiva coscienza e conoscenza del contemporaneo? Sembra un riposo agli occhi di chi lì vede o, che non esiste niente, il mondo è finito. Dicono un giorno cadrai! Quanta idiozia c'è in noi, forse dal troppo male acquisito o, dall'imposizione ignorante e maligna che si è ceduti al silenzio, è un universo non dichiarato colorato di luce anticristiana, anche oggi si insinua la loro idea, il loro inferno in terra. Il silenzio, l'orrore, il falso fascismo poi, il far disconoscere la potenza ch'è il massimo della cecità che può essere creata, d'altro canto in realtà continuiamo, anche se trascurando il discorso le nature non possono cambiare, gli oggetti si concretizzeranno come in un disegno, a un certo punto diventano i nostri target, senza nessuna ragione lo stesso. Parlare in prima persona è così difficile, hai visto quelli che volevano cambiare il mondo, perché si sono fermati? Qui tutto è disponibile, concreto è un disastro forse: un giorno rinasceremo beati. Un disegno creato con il tempo dalle esperienze che ci nascondono, un giorno arriva come un treno, si realizza anche dov'è il vietato o, l'impossibile. Voglio sopra l'ignoranza, apri gli occhi su cosa esiste, dipende molto da quel che vedi. Un bene non è impossibile si paga, un male non si può realizzare. La realtà di questo mondo è in un altro, o saremo tutti di nuovo uguali, sembra una situazione imbarazzante, nel massimo dei mali che nessuno sa niente, sotto gli occhi di tutti sembra evidente che siamo in una posizione differente da quella dichiarata dallo Stato, le istituzioni interessate dicono ma, sembra sia scomparso per ora. Ci sarà una rivolta, la fine del mondo. Viviamo una copertura psicofisica, un inganno o una disfunzione esistente creata, come stoppati in sito, aperti in testa ma senza le risposte. Prova a dare delle opinioni, ci siamo tutti e nessuno può giudicare, non è vero? Saranno delle sconvenienze i testi. Ognuno vive nel proprio mondo, dopo vivremo tutti assieme e tutti sapranno le cose di tutti. Il futuro certo del mondo cos'è, una crepa è si rompe tutto. No è il falso fascismo che ci occupa la mente per far restare tutto malsano e decrepito, come la realtà è di un mondo dato a finire per iniziarne uno nuovo, serve un computer con un software molto diverso. Esiste una montagna da scalare, come non c'è niente, il tuo male deve essere abbattuto! La società è disfatta completamente, destinata alla rovina delle menti e dei corpi. Un processo iniziato non si può cancellare, si va sempre più giù o in alto fin quando finisce, dopo c'è l'infinito e niente poi si può recuperare per farlo rientrare nella norma, la vita diventa oltre, di habitat nuovi sì, ma post mortem. L'inferno, il campo santo e un albergo in salute, già esistente e rinnovato la Terra. Lasciateci pure soli Stati corrotti, cosa succede non riguarda ormai la vostra causa… scherzo siamo tutti umani, ho scoperto un nuovo criterio di potenza, l'adatto al comando si pretende, cosa si vede è, cosa si sente è, come si fa a non rinnovare i sensi secondo l'esperienza del giusto, anche se anormale è comune un'alternativa necessaria, meravigliosamente la vita è storia, come dal senso d'esclusione del male anche essendoci stato, poi uno si ritrova risanato in bene, non si può continuare senza ribadirlo. Mai buttare quell'affare, quel fiore, il seguito dopo di cosa ci manca, più chi lo ha già scritto, tutti dal più ricco al più pezzente viviamo o abbiamo accettato nel male, come dico spesso io: è già compiuto ma non ha un'esistenza conclusa o, legale. Assurdo poi negare l'evidente presenza di chi ci ha detto ch'è una questione personale, l'obbrobrio sarà aperto, male uguale mafia, niente è garantito al giorno d'oggi, come l'inverno la stagione prossima, solo un bene ci aiuta a distinguere. Indumenti nuovi moderni, di un nuovo tessuto fresco, accessori nuovi più optional. Un giorno il viaggio sarà di sola andata non come oggi o nei nostri giorni, con la testa rovinata da esseri spenti tra di noi, parti di cervello perse. Sarà come svegliarsi dopo vent'anni, il futuro necessario. Chi dice di accontentarsi del male che 'l tutto, invece di un solo stato di passaggio, cosa pensi ci può costare, ammettere ch'è tutto reale descritto nella sua natura, ci sarebbe più libertà. Ah! Bello indossare i vestiti del bene. Giorni, mesi, anni indumenti e carceri. Oggi ch'è tutto disfatto, sempre tutto da rifare, atterri qualcuno, tutto sembra come lo si è lasciato, noi ci siamo sempre per sempre, attento… il giorno sarà un fiore una volta distrutte risolutivamente le barriere della disconoscenza comune, una malattia come quelle già assunte: e sì lo sapevi, dai! Serve accontentarsi della propria posizione come l'ideale, creata da noi stessi per rispecchiare cos'è il nostro desiderio personale. La vita non continua normalmente ma, esiste un male o un bene non pensi? Non è così lieve all'esterno di un silenzio, come si fa a non notare cosa resta del fascismo.

Viviamo prigionieri del male come i bambini, è buffo aver paura della cosa più conosciuta al mondo anche se mai detta, solo in arte ho trovato dei riscontri, il resto è legge o silenzio, semmai l'ignoranza e la lobotomia. Quanto potere si nasconde in cosa ci è vietato o, non permesso, quanto è più facile il bene, basta una telefonata, un pagamento accettato in tutto 'l mondo… e tutto sarà bene. Ciao… alla prossima vita, ora premi quel bottone, ci sarà il silenzio e tutto sarà tuo. Sarebbe come rinnegare non dire tutte le cose che si possono fare per aprire l'infinito o, la tua persona, mi dissero fallo da solo ma, è un atto sociale globale il mondo nel possesso del bene, poi niente il nulla, quant'è brutto quel periodo di perdizione, di dissoluzione dell'anima ma dietro c'è un grande inganno, si resta intrappolati, traditi in mezzo a traditori, è il contrario come non esistere, come essere nessuno, invece eravamo noi la dissoluzione! Quant'è bella invece la libertà, ho scoperto che siamo sempre noi, la massima realizzazione dei sogni umani, si dovrebbe giustificasse così anche l'enorme controversia tra le persone, ancora oggi ferme in: non c'è niente, non è successo niente.

Quindi niente è portare il male addosso, così magari scompare attorno. Lo stesso non si dice niente un giorno ci cadrà addosso, cosa era già successo e cosa succederà, conviene arrangiarsi di poche oggettività, le persone piangono chissà se ancora esistono… chi non conosce la concretezza mentre occorre parlare con una voce nuova per restare liberi da reti false, magari in un altro mondo falso perché invece c'era già un altro mondo vero, bisogna escludersi dalla troppa ignoranza, e dall'opera della dimenticanza. La vita è l'arte, vivere è l'attore che recita le parti d'una sceneggiatura, mentre nelle menti c'è caos. Un ordine si può raggiunge anche naturalmente, casomai cosa esiste può essere descritto ovunque, sono ladri! Il presente è il praticabile, un giorno arriveremo di nuovo, la natura da sola fa il lavoro come cade la neve. Loro ci vogliono far tacere "il bene" tutti i giorni, non crearti troppi problemi finiscila, creano la grave mancanza. Ricordi, immagini di vita, il futuro è il presente, non come dire a un certo punto si deve arrivare, vero come occorre allearci per annientare lo stato del male, dichiararci di un altro stato, poi continuare. La serata è molto calma sarebbe bello pensare che ci siamo solo noi, non tutti… quindi si dice forse c'è il male ma, di sicuro al giorno d'oggi esiste, bisogna esser viventi per sapere. Credo nessuna mezza epoca sia inservibile come questa che viviamo: il futuro libera la pace delle esperienze dominate, la distruzione del potere falso. Ah già! Loro comandano e io vivo in una bottiglia. Il bene ci sommerge no! Quello è il male che ci ha promesso il falso, ma basta sempre allargare lo schermo in panoramico e unire la piantina geografica per capire la comunicazione, il confronto tra opinioni comuni, disegni che verificano realtà, un bene è proprio come le altre cose, anzi sono altre o giù di lì. Una cosa cara ma di sicuro fattibile vera, non una realtà fuori, un fuori casa, singolare nel punto: le carceri o gli indumenti.

Il mondo porta una piaga, nessuno ha la soluzione, questa è la verità o, forse sarà la dimensione e la vicinanza al problema, ciò può significare che 'l progetto non si può adeguare ma la legge è una sola, unica comunque, le persone sono dissolte sì ma il contesto non è presentato, chi domanda se il bene esiste. Si vive un male organizzato, sembra un sogno, un incubo, l'importante è credere in Dio in un posto dei peggiori mai esistiti come questo, dillo a tutti: anche solo supera. Poteri nuovi, potere di nuovo. Si manca di riconoscenza in un mondo dove un'anarchia maligna regna, l'ultima delle cose reali che fa cambiare il pensiero, creando confusione. Vogliono fare il bene i ragazzi, questo deve succedere cominciando dal disconoscere il male ma, è mattina stanno tutti dormendo che strano vero. Il bene sarà un sogno per molti ma in realtà mi pare l'uscita dal male, serve restare attenti a non adorare quegli animali senza Dio spostati sempre da quel mostro, prima di tutto attenti alle parole che si sentono, e al loro significato tutte assieme nella frase. Chi ha unito un bene con un male per farli vivere assieme, verrà giustiziato il giorno del giudizio, se non l'hanno già fatto e comunque la faccenda è molto presente nella vita di ognuno, sta all'utilizzo che se ne fa, tranne quello comune di non osservanza o alla mal creanza del bene.

Nessuno lo dice è cominciata una nuova era, non l'hanno ancora capito? Solo un bene può programmare la vita, io il padrone e l'io. Sarà colpa anche del regolamento multi fascista nelle nostre istituzioni o, dell'assunzione di male addosso che poi di questi tempi è una posizione immortale, chi programma un software senza offendere non è uno spento, serve invece esser bravi ha togliersi di dosso tutto e tutti. Il mondo si è fermato, tutti siamo fermi, le cariche sono già state stabilite, il tempo passa noi rimaniamo sempre più soli, tra di noi le cose diventano più chiare, si dice se ancora non s'è svegli, allora davvero avremmo sbagliato.

Qui nell'anno zero cinque si notano ancora

molti soprusi, abbandoni poiché è tutto abbandonato nell'insieme, c'è sempre bisogno di un confronto, come si fa a far vivere i ragazzi senza storia o, bene come prodotti legali non presentati, forse ci vuole un po' di palestra. Parti di cervello attaccate al proprio fanno in modo di non parlare, voglio un mondo libero non come in Italia o in Europa poi questo silenzio, via le carceri, le porte siano quelle poste al loro posto, come le finestre. Quello non è un sogno, se vuoi è la realtà dopo più tardi. L'ultimo clamore garantito a questa brutta realtà che cambia fino all'assoluto bene, la dichiarazione del giorno che abitiamo sconvolgerà sempre di più, un mondo nuovo è il futuro ma, il passato non si può cancellare, anzi va recuperato per creare una linea continua. Case, focolai, la sera, la mattina, le luci dei lampioni, sorprende la facoltà d'ognuno in recuperarsi oggi e trovare la via, l'esclusione dal male provoca sensazioni nuove. Bello il futuro e tutta l'arte per farlo presente, cos'è il domani. Siamo potenze in Dio circa il novanta per cento delle popolazioni, la presenza sorprende sempre tutti però non ti fermare alla quantità, forse è ancora presto, nessun genitore ha volontà di non far stare i propri figli nel male e, di aprire la bocca. *Chiudo a presto, ad una felice e migliore prossima ventura,*
G.

4.
Disco

21.11.2005

1. <u>Titolo</u>. Esistono due habitat principali, divergenti dal bene vero. Uno: il bene, un software demoniaco basato su etichette invece di luci, cioè vivere nel male senza parlare, molto presente bello, stabile, contatti sintattici e aerei di vario genere capaci di farci esistere nel bene, anche con la presenza del male. Due: il bene più libero, la vita organizzata tra i beni, una presa di coscienza del male, un modo molto amichevole e amoroso d'accordo secondo cui i soldi, le amicizie girano a volte in modo illegale. Creperemo la terra per riabituarla, organizzati a esclusione di un male per vivere in modo adagiato la sicurezza del prossimo bene, non solitudine imposta dalla negazione dell'esistenza.

Un bene nella nostra terra è tanto negato o proibito, in consultabile eppure ovvio, privo dell'essere uno che non può vivere. Potenza è verità, noi siamo soli.

2. <u>Due</u>. Nell'anno zero cinque si vive nel male, levati dalla vita, in parziale assenza, chi muore non esiste più, il peso delle cose può solo essere visualizzato, schedato in uno spazio chiamato albergo. Spiegazioni sono in uno schema legale, risolutivo al chiaro, le luci e le voci, i colori e le denunce. Fuori, la gente mangia diverso.

3. <u>Visualizzazione</u>. Punti di visualizzazione non di percezione o di realizzazione, chi non ha mai parlato del male è in un punto morto, utilizza solo due punti avanti e indietro, invece ne servono minimo due cento mila. Cerca attorno a tutte le giunture delle tue ossa, con tutte le direzioni, uno schermo davanti agli occhi al posto dell'apparato oculare.

4. <u>Ribelle</u>. Ribelli non si è per morte, distruzione o violenza. Una superficie è la pausa, non tutto è male, occorre fare una serie di azioni, contestare il malsano, per chi non esiste un interruttore, si è bene o il contrario, una rivolta o l'assunzione di un partito. Il software è un falso, dovrebbero essere diverse le sfumature tra il buono e il malevolo, una realtà non vive mai di un solo particolare. All'inizio è un gioco, almeno l'essere significa avere la testa, le mani, i piedi, senza delle aperture di luci o graffiti, molto raro di questi tempi. Io cerco sempre un suono attivo o un buon motivo, se non un ottimo interesse personale per trattare bene. Certo che i nostri sogni si realizzano, sono le realtà, apri il bene è lunga la strada, basta parlare da una goccia a una goccia, siamo in un mondo perso dov'è sufficiente togliere la polvere e aprire le porte.

5. <u>Calcolo</u>. Quando il calcolo risulterà zero, il bene sarà una limpidezza nel cervello. Tutto legale, sentirai solo un gran botto e la luce. Quanto ancora si deve chiudere il mondo, il resto sarà o, è già un'arte minimale, in altro modo e poi restare solo in vita immobili. Ho trovato la strada senza male, la realtà è vera ne siamo tutti partecipi, anche solo a testimonianza che un giorno la terra vedrà il bene o, il regno del Signore. Colpa è dei mali, tanti, insospettabili, riuniti sotto una stessa forma, al loro incenerimento saremo sempre fatti. Viva la terza dimensione a discapito delle altre due, solo ieri decantate come un massimo dei beni. Un male ha solo due dimensioni, non ha un processore ehm, uno spessore per questo non viene filmata la causa della moderna rottura, le posizioni fisiologiche assunte da tutti, in modo diverso ma classificabili. Predisposizione e auto nel contesto sono la chiave, la divisione tra un bene e un male, il riconoscimento.

6. <u>Audio</u>. Possiedo lo scettro della vita, io sono un bene tutto è magico non come nella vita ehm, falsa ma reale, una favola come di un mago, tutto un sogno reale. Tutti i rumori sono reali, il malevolo ne muore di quelli del computer. In una scatola grande quanto il mondo, alla fine sempre occorre trovare un ordine per tutte le cose, ingrandire l'immagine per focalizzare gli oggetti. Abituati a non dare fastidio, hai superato il male.

7. <u>Ritornare</u>. Lascia completamente le persone che fanno parte del male, essere in rete è essere in vita, iscritto, presentato è usufruire. Muoversi è nel legale che ci mantiene liberi, come tutti essere, pagare e avere finché non appaiono le soluzioni. Io sono uscito dal male e vivo fuori a casa ma, il male è ancora libero oggi, attento a ciò che chiamo i nuovi, i nuovi umani restituiti o se in un giorno ti risvegliassi con ricordi comuni, strani eppure famigliari.

Buona giornata, G.

5.

Prima di Natale a dicembre

28.12.2005

I mali sono tanti nel posto in cui vivo, altrove le persone sembrano aver dimenticato il bene. Nessuno articola il presente e del come sussistiamo veramente, di noi solo la vita e cosa abbiamo o ci hanno fatto, quel si vede o si sente, non consiglio un male a nessuno è un traditore di sé stesso all'ultimo, come si fa a dire ch'era superiore un parassita o che nessuno risolve niente… non esiste niente o non si riesce a parlare, forse anche tu sei stato tradito, sarà un ingranaggio alla fine darà i suoi frutti. Si sa esiste un solo Dio sopra il quadrato, un triangolo dopo la morte. Voglio conferme chiamami: 899.876.425.127. Noi vivremo in sempre sopra o sotto questi due eventi: vivere senza sapere niente, non combattere un male perché è troppo… non si ci può far nulla. Un giorno il male scomparirà del tutto, muore da solo. Quel che dovrei fare invece di sognare (realizzare) è mancare in vita e non aspettarmi più niente, com'è successo a tutti, ho certezze matematiche che tutto 'l futuro diventerà presente. Sono loro un mondo perso, putrefatto e fatiscente. Confessa il falso, ci vorrebbero solo pochi giorni per organizzare uno o più Stati, ma siamo un po' lontani amico, oggi la distanza si misura in modo diverso, è cosa abbiamo rispetto alla Terra. I mali sono padroni mi hanno detto via etere, anche se non si è presentato nessuno mi pare. Qui ho le gambe un po' d'aria e la faccia che faranno tali persone quando vedranno il bene… descriviti la realtà, il denaro e la coscienza, sono sicuro qualcuno pagherebbe per averli, come un mondo nuovo risanato da un male ricco, delle unità organizzate per vivere meglio. Tutti conoscono le altre persone e idee simili o, anche questo non è un sogno. Un male davvero è così come tutte le altre cose, a volte il perché non ne parli, qualche motivo lo conosco ma sappi la tua è molto importante, come tutte le vite sono importanti, per risoluzione e creazione del futuro dell'umanità. La verità è così dalla realtà, il mondo è favoloso, l'esperienza arriva davanti anche se non la dichiari. Paure del male, volontà di potenza, la paga tutto seppellito? Mi dispiace ma questo secolo verrà ricordato a pari dello schiavismo o altri periodi molto cupi.

Ognuno al giorno d'oggi ha una posizione, le persone salteranno davanti. In data studi sulla procreazione assistita, i rapporti che si creano con l'esistenza assieme al male, verifica il male presente, è come viviamo. A volte basta sapere che non si può fuggire al bene, in gran modo alla legge come procedura vitale, superiore come raffigurata, una necessità si può non sognare? Il poter volare in sembianze migliori cambiate, un sogno è vietato, giù nel mondo dei levati, non credo le mie siano allucinazioni, credo proprio sia il male. Ho provato ad aprire il pacco è sigillato! Cosa comune a tutti. Nel corso del tempo mi sono creato delle difese naturali o artificiali, il vero fine è quello di ritornare, perché si è partiti, perché si deve arrivare.

Ricorda il male è il carcere in vita, cosa ci tiene in uno stato di fermo. Il cambiamento, le persone lo chiamano il bene, il nostro software invece parassitario lo stesso, sono persone legate tra loro, esultano in luce anticristiana, hanno sembianze del tutto umane, al più degli umani, sono lo spettro addosso, la copertura che portiamo alla fine la nostra figura duplicata, secondo me è solo una questione di malattia o, d'immagini d'impotenza creata, come un bene è perfetto tutto 'l resto è malsano, incompleto fermati! Nel caos tutto è sapere cos'è un multiplo, io sono un ferro da stiro. Nessuno gioca più con le cose vere in questo mondo, tutto è disponibile, basta non far comandare un giusto male, siamo persone in una tabella, perché si deve scegliere l'odio all'amore? L'amore è il bene, l'odio è il male. Migliorati il bene, un giorno si realizza, non una vita segnata in contrapposizione a chi ha gli occhi rotondi come i miei o tuoi, hai paura del male come forza superiore? Digli… ti voglio bene, vuoi entrate nella mia testa, non c'è niente da guardare è tutto finito.

Ti saluto, G.

6.
Gennaio zero sei

28.01.2006

Perché aspettare s'è tutto pronto, l'ignoranza e la paura devono essere eliminate, abbiamo un mondo fantastico per niente sfruttato. Arriverà una nuova concezione in grado di gestire quel che già disponibile, verrà in modo concreto. Ora ci sono solo la negazione, le malattie e cosa si nega, lo Stato, che poi guardandolo sembra una grande zecca, o altre persone non parificate su un piano regolamentare in Dio esistente. Quel che oggi non si può dire domani sarà legge, un software adatto a identificare le persone, non ti hanno detto che alcuni amici tuoi sono un male o, in mezzo a voi l'odio è radicato, camuffato nella grandezza e compiutezza del bene, oscurato da una vita risolta in cose materiali, molto ridotte rispetto a cosa in realtà era il possibile. Si nasconde la realtà, sembra un gioco invece è un altro universo, delicato fatto di molte attenzioni, di regole da non transire.

Portiamo addosso il resto di questo mondo fatiscente, dato al termine per dare spazio a un sogno, un regno tanto vietato in Italia come altrove, parlando qualcuno nega tutto, come se non ci fosse stato niente, nessuna notizia. In realtà non sono tutte faccende personali, si parla di cristiani quindi di pubblico che lo Stato non gestisce, ottenebrato in seguito o era già stato eliminato. Chi ti ha detto: ti devi accontentare di quel che passa, e fare il male per il bene. Verrà un giorno il giudizio in cui tutti si ricorderanno, una traccia nella memoria di quel che oggi, di quel che stato… con tutto il ben che ti voglio, è troppo oscura questa nazione, non si parla niente, non vuoi avere un bambino, non vuoi vedere niente, non vuoi si sappia chi ti ha forgiato così, un giorno in futuro scomparirà. Viviamo di un mondo distrutto, vuoi che qualcuno non lo venga a sapere, un consiglio organizzati. Oggi ho fatto un sacco di cose, vivere di certezze è vivere nel bene, quasi come le convinzioni da eseguire. Un male? Quale male nessuno parla di male. Esiste un bene, un proseguito nel viaggio necessario esistente, un collegamento tra qui e lì, si chiama 'l trasferimento, il futuro o la continuazione. L'anoressia è non parlare del bene, di una malattia o di una disgrazia, invece un male attaccato alla testa sembrava un ornamento, chi si è reso conto quanto in realtà era nocivo? Un solo abitante minore (male) assieme ad altri è l'esempio sbagliato: loro vogliono che diventi tu l'arretrato privo di bene, l'arrestato, l'ostacolato per tutti negato, la forma spenta, così poi pensa nei nostri comuni, i minori sono come fiori nelle piante.

Il bene è incondizionato più grande del proprio agire, l'esser trasportati, il viver sopra. Lascia che si allontani chi vuole far parte di un meccanismo di canoni malsani, è perduto, subirà una vita passiva poi, magari s'era un portatore sano tornerà lui da te. Adesso si capisce è una associazione il male, per questo un bene è complesso, finché esiste vita supereremo il tutto, non c'è fine, forse sbagli a guardare, non con gli occhi.

Ho individuato il mio male perché non evitarlo: uno sfregio, considerato che ho fatto tutto quel che potevo o, dovevo fare. Il mio essere è come vivere l'anno tremila e sei, caro mecca - diario, sarà facile per tutti, faranno sempre le stesse cose, la soluzione è una, un software quadrato, perfettamente funzionante, installato. Un giorno la luce verrà ad accenderci, oppure molto di più la potenza è al nostro interno. Sono tutti falsi siamo noi la moda, noi siamo tutto, superiamo i falsi potenti. Il potere è in noi, non c'è attenzione, solo questo involucro che somiglia al male, vadano all'inferno loro casa. Il bene è completa attenzione alle successioni, un corpo cosa è costretto a vivere, non esiste Stato, solo demoni al commando, il bene lo faremo lo stesso, vedrai nessun bene è vero, solo queste o quelle persone stop, un bene sono solo gli angeli, gli umani sono illusi dalla storia si dice, fanno quella cosa senza attenzione, come se non succede niente, quando invece può capitare anche una disgrazia. Si ritorna sempre sul punto che non c'è, la vita è come il cielo, celeste tutti gli angoli sono al loro posto, e la terra è fredda... in realtà era stato fatto un massimo dei mali: un male era un completo, un bene era un progresso. L'ambiente era semplice (il discorso) non cambia nel tempo, viene più facile, spiegabile poi duraturo, insaturabile classicamente lo stesso. Da sempre è così sicuro, chiuso e calcolato, la soluzione è solo una tutti vogliono esser noi, sempre. Le progressioni sono uguali per tutti, sono non comuni episodi isolati, quindi di molti. Il così freddo ci fa tanto paura, un giorno verrà eliminato, come la cultura maligna che rovina un bene, molto radicata dove viviamo. In quel momento è sempre, quando non si è proprio lì, ti hanno fatto un male, il mondo è bizzarro. L'amore è in costruzione, quanto sei indietro o fuori quasi non esisti invece, è la condizione umana del sopruso. Nel bene non ci sono discordie, tutto è armoniosamente messo insieme. Hai paura? Sarà pure paranoia ma è vero, manifestazioni nessuna dove ti nascondi, infondo però le persone sono già fissate, basta prendere solo posto o il mondo è finito, completo, serve entrare nell'altro, in un altro uscire, sarà come stare sempre bene, in effetti sarà la continuazione. Deciditi, dimenticati, riconosciti poi ch'è tardi. Ciao… sì lo so è tutto sbagliato, sono tutti traditori, l'esempio della morte libera. Farai una scoperta, c'era già tutto il turbamento, lo sconcerto. Un fatto comune a molta gente non un episodio isolato il mio, il tuo ma una questione comune. Agisce su tutti, il futuro del pianeta è fantastico, meraviglioso. L'ignorante, il villano, il potente si eliminano da soli con il male. Hai acceso il fuoco, rimarranno solo gli ornamenti, tutti si trasformeranno in persone migliori, sempre fatte, sempre felici senza problemi. Qui è tutto deciso fermo, fino a quando non mi trovi muori, fino a quando non paghi soffri. La soluzione, la strada, l'ambiente è sempre quello, la vita continua, sembra che il tempo aggiusti sempre tutte le cose, in realtà è la morte del malsano. Qui non possiamo restare, pensa all'infinito, all'energia che ha l'acqua, agli amici perduti nel tempo. Un bene non è un regalo, più che altro un lavoro o cos'è vietato a una società. Si deve uscire di casa per trovare il disastro, occorre trovare il coraggio, affrontare il potere del moderno deforme, accettare un bene per l'arte di un incontro. Guerre tumulate, persone sepolte, un tanfo di putrefazione in realtà impera l'ignoranza e l'impotenza, quando pace sembra sia arrivata. Il silenzio è cosa più importante, ne esistono diverse profondità, qualità diverse, alcune buone altre nocive. Questa non è la vita ma cosa n'è rimasto, l'immobilità resa a chi da tempo resta e non trova una soluzione in uscita. Povere vite senza scommessa, vite spente davanti all'odio e alla corruzione, un sonno da cui risvegliare l'intera popolazione, valori mal pesati. Ho visto un altro Sole turchese, la solitudine di restare nel bene. Vivere come se niente fosse, arrangiarsi e sopravvivere poi, concludere la giornata in una normale e pacifica, senza libertà, in memoria dello Stato e della buona condotta. Senza legami o sorta comune, solo il denaro che ci accomuna. Richiedono di non chiedere di più, ma l'assurdo non è in un solo oggetto, anzi già da anni un programma persiste, rinasceremo in un nuovo mondo.

Ciao, G.

7.
Mistico puro

25.02.2006

Il male deve essere sfruttato, esistono guerre reali solo immaginarie, ad esempio tutti credono d'essere o dover essere in conflitto con qualcuno. Un altro aspetto particolare è l'assenza del silenzio o di pace, cosa distruggere, cosa circondare non è una guerra ma immune deficienza acquisita, una malattia. Questi guerrieri non ci saranno più è solo una questione legale, morale si può sbrigare con pratiche statali. Il male nel tempo è lo stesso della legge, d'altro canto un bene è una permanenza, come dire col tempo l'avvenire diventa legge adatta, sempre più consola al corpo e alla mente.

Oggi è anche Natale, la nascita come il risveglio durante la veglia. Ho perdonato la presenza del male, ne avremo bisogno in un incastro per uscire da un ciclo maledetto, ripetuto poi, sono i cristiani a far fatica nel denunciare, così resta, anzi mi viene d'aiuto pure, servirà a trovare i responsabili, e poi serve a niente. Nel mondo ci siamo sempre tutti, non bisogna pensare d'esser soli, ognuno occupa una responsabilità, un dovere, un gioire o delle occorrenze naturali. Quindi esiste sempre un acceso presente da qualche parte nel mondo ma, non sempre disponibile, a volte mi capita se esco di vedere persone o ambienti già visitati nelle cose nuove conosciute. Forse l'età adulta comincia con la consapevolezza di non potere sfuggire a un circolo creato, al ritorno delle cose sempre uguali. Un male come faranno a non denunciarlo, lo sai? Ti blocca la faccia e la bocca a parlarne, quel che ci circonda non sempre è bene ma, spiriti uguali a unità umane che creano delle forze negative, costringendo a muoversi a rilento.

Nessuno normalmente dice apertamente in modo legale: è un insieme di cose create, solo in arte si riconosce un bene e un male, quando trovo queste strutture in altri campi, la legge, lo Stato o le istituzioni. Restrizioni sono persone che vivono in tutti gli ambienti, creando una realtà solida per un bene, come mai ancora non si sfruttano ehm, non si dichiarano queste realtà? Sento di persone che appoggiano un male come se fosse un bene o, il bene che orrore… è una questione di comodità, di coscienza a posto. Denunciare un male significa testimoniare in modo concreto il campo santo, il paradiso come la presenza di Dio, nessuno ha fatto la scoperta di viver circondato da non ospiti? Delle posizioni fisiologiche, le disfunzioni create su persone, sarebbe come dire che succede, se succede il male? Mah! Sarà caro o cara ma il caos va governato non temuto ma vissuto, non per pochi ma tutti. Cosa non hai trovato o, cosa ti negano è vero sì come il mare o, esserlo è come un cavallo ma infondo è una associazione di software in grandi misure, di un'unione si crea un altro Stato basandosi sui soldi, sulla pace in presenza di Dio. Il mondo è cambiato, cambiatelo. Un bene potrebbe essere totalmente estraneo al contemporaneo, lo è stato ma, mi risulta una porta verso delle persone più perfette, fatte di linee geometriche complete e altre cose non immaginabili, tanto piacevoli a differenza dello stato di restrizioni in cui viviamo.

Dopo la montagna viene il mare, qui non esiste il bisogno di grandi opere architettoniche, basta l'arte semplice di esprimersi, frasi o parole semplici, piccoli calcoli per avere grandi risultati, un computer fa grandi cose con poche operazioni, basta talmente poco per aver un bene che si supera, rifletti uno pensa che in vita dovrà fare grandi fatiche, per avere ciò che vuole il successo, invece basta poco il bene siamo proprio noi. Tutto il resto si riduce a dei fogli di carta leggera, basta distruggerli per riempire la stanza di luce. Dei fogli da esaminare e superare, con le idee non con le azioni, non come superare sé stessi o, se non esistesse un male ma, un'entità esterna vivente sia dentro che fuori di noi, va curata come la malattia. Forse non sai ch'era proprio quel gioco da ragazzi il fatto della vita, la pratica che serve per un bene e quel tanto viene negato, lì trovi la formula per uscire da un ambiente muto e non si può dire. Esprimersi è difficile nelle forme in cui ci troviamo, ci rimandiamo quasi sempre. Vedrai quando l'aria si rasserena, comunicare è molto più facile, come dire senza mali, come in presenza di bene cosa ti hanno fatto per farti dimenticare le legnate. Qui tu no, io lì nemmeno! È facile come si brucia una vita, creandola senza passato, senza bene, soli nel male poi, loro accusano altri.

Qui non esistono bocciature, tutta l'arte è promossa, tutti siamo promossi, si fa per il bene ed è sempre giusto, il risultato grande o piccolo non conta è un'opera, sto parlando con il diavolo forse. Dalle ultime nuove ho appreso che non sono in disputa con il male o almeno non più, è lui un bene in Italia ma sarebbe dir poco il bene d'Europa, invece in genere è chi fa orrore, perché non si auto denuncia la sua presenza, chiudendosi così in un mondo claustrofobico. Qui non esistono bacchette, solo tante cose dimenticate come il bene, pratiche di bene vietate, un male che non comanda nulla, è uno schema, una tabella per alcuni.

Si è vero il mondo è capovolto, gli interessi personali sembrano quelli degli altri. Mi piace giocare con i coltelli fantasiosi della parola, sono stanco di proseguire da solo ma non posso farvi arrivare tutti, comunque per andare basta un po' d'impegno, è colpa della forza mancante o lo sforzo immane per uscire dal male. Ho distribuito tutte le responsabilità, mi sono preso le mie penso, nessun uomo dovrebbe dire mai di esser stanco ma, la fatica ha un limite, sono in un mare di persone senza testa. Una legge nuova di occorrenze! Nessuno vuol ammettere che non può assolutamente fare un bene un male, il resto delle persone si, restiamo comunque in pace ma gli occhi che ci hanno rubato più tardi ritorneranno, mi iscriverò all'università di nuovo dopo tutti questi anni verso i miei trenta, non lamentarti verremo riscattati. Il mio compleanno è il sei marzo, tutto ritorna per sempre, non stancarti riposa, spetta dopo. Il male è tutto uguale in quattro forme simultaneamente, in presenza esser diversi s'intende, il resto è bene ma dunque da che punto parli dovrebbe esser l'ovvio al giorno d'oggi. Un male non è mai superiore al bene, lui è dove esiste un foro ignorante, un bene dov'è la cultura, pensa si va a scuola all'età di sei anni, la stessa in cui le persone normali entrano nell'albergo innominato.

Aspettando buone nuove in questo deserto senza speranza, il mondo è cambiato, la storia mi è vicina. Scrivere non è noioso, bello come uscire a vedere che ci sei ma sarà sempre come sparare al vuoto ritornare in Calabria, adorano un male come s'avessero perso il bene, come no, nessuno dice tutt'è nascosto, cos'è di tutti anche le allucinazioni, la cultura, la tradizione, la disciplina addirittura. Vedrai come tornerai indietro da quella strada, troverai le pietre per tornare. Guarda che 'l vietato non fa parte della repubblica, è illegale vivere nel male, è una catena, quelle sbarrette aperte // // in un linguaggio visivo significano morte in vita. Sì, sono cosa esiste sempre e non cresce durante il tempo, passano sulla terra, diventano un blocco sia fisico che psicologico per gli altri che invece hanno gli occhi rotondi, questa è solo la fase principale, in realtà tutti partecipiamo al bene. Io sono arrivato molto prima e sono duplicato, prova a domandare alle persone grandi chi sono i padri-eterni, com'è finita la storia con quelli, infondo sono parassiti allo sbaraglio. In vero sono altri che chiamo Synergie cioè produttori e consumatori di energia, sia donne che uomini, questo gioco mascherato si risolve pian piano un male si spegne e, le persone diventano sempre più uniche. Dove dormi la notte non è strano che sembra tutto normale? Il male non lo è, non si può essere senza prove. Cristo come testimonianza sicura che 'l mondo è cambiato, o penso la scoperta personale sia la migliore cura, spero la morte non ti sopraggiunga nel sonno dalla lunghezza o gravità della questione, questo stato di anarchia finirà ne son certo, come un ritornello di cose che si ripetono a giro. Guarda come si brucia la vita anche senza allucinogeni, con un gesto, come fanno tutti ad affermare che un male è superiore al bene.

Sono perfettamente sicuro che non sei a conoscenza... è un'opinione pubblica, sarebbe più facile sapere cosa per ora è privilegio di pochi, o aver cognizione della rete, del possibile, dell'impossibile, in totale dell'impossibilità del male, in questo l'arte non c'entra nulla è una conseguenza necessaria. Il futuro diventa una cosa meravigliosa, com'è brutto quel presente con quei buchi alla testa, occorre aver cultura pubblica sul presente, nel male e nel bene o qui, non solo arte ma legge, sembriamo come in un sonno perfettamente lucido e vivo ma dormienti, chi comanda verrà lapidato quando ci sveglieremo, chi è stato così in alto da levare parole per farne un danno, si diceva aveva pensato a tutto il nostro amico male. Basta che piove, nessuna guerra ormai, solo pace e dichiarazioni di pace, solo documentazioni sul passato e il presente. Tutto è compiuto l'ha detto Cristo duemila anni fa, ancora nessuno ne convinto? Adesso è compiutissimo più in là ancora di più, dopo penso sarà la fine del mondo, ancora dopo però mangerai di nuovo un bene, dormirai per intero come io riavrò completamente la mia pace sonora.

Quindi non ti sei accorto che dormi a metà o s'è tutta fluorescente la notte, ah… è vietato parlarne presumo, una questione comune si può discutere tranquillamente, risolvibile in matematica come un acquisto, come fai a risultare senza nessuna azione scritta, si vive in un albergo strano, tutti pensano di esserne padroni, unici possessori, conoscitori quando è un ambiente comune, interessa tutto 'l pianeta nei suoi quattro lati e niente escluso, non si diventa di transizione ma di convivenza, non ancora installata bene per colpa dei mali ehm, lavori in corso, anche s'è proprio lo Stato a essere completamente inefficiente per quanto riguarda l'habitat o, il Vaticano sordo-muto.

Traditori sono solo dei virus degli umani sì, abitano nel nostro pensiero, un'altra caratteristica del posto che viviamo è la compatibilità, c'era Dio e anche lo spirito santo, un animale di non poche grandezze, il posto che occupano attualmente è un triangolo, come lato più lungo misura quanto il lato del quadrato, costruito sulla circonferenza della Terra, mi sembra poi esserci altri due triangoli riservati all'inferno e al campo santo, dove si andrà in distruzione, l'uno di fronte a l'altro. Nel senso un male può essere anche la burocrazia o la democrazia, da noi è un virus. Guarda bene negli occhi delle persone vedrai delle immagini colorate, secondo i miei calcoli dovrei essere immortale. Una volta passati (per passare bisogna compiere il bene) nessun male può farti male, è vero si erano rubati tutto, è tardi buonanotte. Io non credo più alla vecchia popolazione, solo nei baci tuoi che mi mancano, chi comanda non glielo dire: è un idiota, crede con il silenzio si riesce a tappare l'incavo della bocca, chi comanda è consigliato dal male. Un software non si può azzerare se non per la giusta strada, quella risolutiva. Fermati un attimo, cosa potrebbe essere successo nella mezzora appena passata, il tempo si è fermato, pensa com'è ricca l'epoca in cui viviamo, ancora più ricca sarà quella successiva, una nuova istituita senza male e ladri era ora! Mi chiedevo se ti era successa la fine del mondo, cosa n'è rimasto, cosa percepisci con il mondo presente, misto tra reale immaginario e vivente non vivente. Ho avuto notizie che siamo suddivisi in gruppi abbastanza grandi, forme retali molto rudimentali, come per specie, altre cose e residui ancora del fascismo. Raccontando del passato di un bene nel giorno presente, sembra la scoperta del dolore infinito, una miriade di tradimenti, persistono in tutto il corpo e la mente, significa avere accettato tutto il bene, rifiutato in male, cosa che per tutti non esiste nemmeno. Del male, del carcere è vietato parlarne, questo va risolto come quello dell'esser al mondo, io sono andato molto lontano anche da solo, ho visto e saputo di cose che non posso nemmeno raccontare, come si dice tanto brutta è la situazione che nemmeno ci viviamo tutti, più tu come uno zombie in cellofan, perché non sai nulla. Alla luce del giorno si studia un essere, con un referto di medicina legale, in realtà siamo macchine elettroniche. Avremmo finito, d'altro canto cosa vuoi ti racconti queste misure restrittive che ci sono, ovviamente false, inventate in pasta frolla. Post morte tutte le cose create nascondono una verità nascosta, un grande oggetto luminoso. Berrai l'acqua del Lete invece dell'immane falso e del maligno che ricopre i cieli che non sono insormontabili, cosa esiste dopo è bellissimo ma ancora vietato. L'orrendo impera, l'ignoranza l'accompagna, facile una rete come l'internet nel computer, le persone collegate in rete, si può ottenere ogni forma d'informazione ma la cecità dei poteri che ci comandano rende tutto molto difficile. Se non per verifica personale, una grande esperienza comune ai mortali, è fuori dal male. Spero non succeda qualche disgrazia, per il resto il male scivola via anche grazie a me, come fanno a non ammettere almeno due dimensioni. Si rischia sempre troppo, è troppo insicuro il punto bisogna che lo miglioriamo, serve avere-sapere la legge, anche quella che si chiama demoniaca, s'incentra sul movimento dei piedi e dello spazio, formando il cerchio che si disegna dalla posizione dei piedi. Bisogna uccidere i mali per sempre, ogni giorno… è aperta la stagione della caccia.

Ciao, 25/02/2006.

8.
Dimostrami che mi vuoi bene

19.03.2006

A volte mi sveglio con l'incubo che ancora non ho il diploma, se non avessi la capacità, l'essere lucido mi sentirei all'infuori di un mondo già lontano, da schemi e corse in salita. Verità è un animale selvatico, penso di una lepre che corre e il perché, sarà un ladro… l'oggettività è il sale della vita, a volte serve per rinvenire non lasciarla, un gioco sarà il luna park. Ti piace la musica piacevolmente fresca o impregnata, l'immagine di un passato, come un bene serve per conservare, un hard disk, un magazzino, una libreria, non senti niente sulla pelle, solo giochi di potere? Tutti studiano una chiave per uscire, un linguaggio visivo, un software che serve per comunicare o uno che realizza il proprio corpo. Chi è un esattore a una certa ora passa per riscuotere, sapere è vietato, un tabù, le persone sono spente, vivono ma sono scomparse. Quel che siamo non possono esserlo gli altri, cosa possediamo lo possono avere anche altri. Un'altra cosa non esiste, io non vedo il male. Sento l'atmosfera, la forza di gravità della terra che mi tiene prigioniero, vedo nebbia attraverso la quale si vuol scansare un Sole risolutore o, il paradiso in terra come sogno realizzato. L'assolutismo dello Stato poi fascismo come istituzione, che miseria se così si vuole la distruzione totale della vita! Fatti avanti da solo, con quel che rimane di una dichiarazione maligna come incendio in cielo, inefficienza dell'esistenza, inferno non chiuso o destituzione totale del mondo moderno.

Al giorno d'oggi l'utopia è istituita, al più basta spegnere le luci per vedere o sentire come mai nessuno dice niente, dico forse noi lavoriamo assieme. Ti ricordo che un bene è uno strumento, funziona solo se usato nel giusto modo, nessuna voce tranne le certezze matematiche o visive. Si dice che la verità è un paradiso negato, tante cose poi non possibili per tutti, esiste un eden nascosto fuori di noi, fuori in città, com'è restrittiva quell'arte che si occupa di paradisi solo interiori e poi magari all'esterno. Quel che ci negano, che imprimono senza senso e cosa non si può dire, cosa assolutamente non si può fare, né pensare come possibile, cosa non tocca terra, i pensieri in realtà sono l'immagine del vero, dell'attimo nella giornata in cui si vive. Dio esiste anche lo spirito santo, un computer, un compilatore di programmi, il risultato poi sarà sullo schermo. La mia vita è diventata un deserto, alberi morti dove attaccare delle fotografie, ogni tanto qualcuno viene con dei bigliettini di presente. Un agire presente non lo sono? Una azione se possibile sopra il male, colpa non ne ho, sono un immobile per questo sarò graziato, entrerò nel bene quando mi scongelo al Sole o passo da una stanza a un'altra. Nel bene una successione è cosa accade attualmente di norma, un compiacimento di un lavoro fatto, adesso viene chiamato impossibile, inesistente. Molto importante non dimenticarsi dei giardini, anche un mondo falso dà alle persone da parlare: il mondo, le persone. On, entra in connessione vedrai una nazione governata primitivamente da demoni, trascurante la potenza del bene e il disagio del male. Troppo distratte sono le persone, il giorno inciampano cadono poi si rialzano, proseguono verso un'altra parte, non può finire così senza nessuna conferma, tanto rumore per nulla. L'up-gradarsi, farsi grandi se parli con qualcuno sembra cada dalle nuvole. Si! Un male è tanto, è grande ma sbaglia o si finisce, si consuma. Appare cosa noi chiamiamo un bene, un consiglio fai solo azioni che ti garantiscono lunga vita, la falsità è un brutto l'inganno, un suicidio, occorre esser persone taglienti come coltelli è un affare di tutti l'essere o il non essere. Sì è un rapporto matematico, una risoluzione di una funzione.

Credi che non esiste niente e il nostro cielo pulito? Un po' colpa del tempo o propria personale bisogna tener la testa alta però, affrontare sempre cos'è nocivo, scoprirai cosa lo Stato trascura o addirittura né partecipe nel divulgare per vero il falso. L'ignoranza fa male come il falso fascismo insidiato o una colpa da portare a vita, per quel poco di bene che ci viene garantito… siamo in uno scandalo. Un male sembra un carcere nella vita, essere è come se spenti, un virus diventa possibile studiarlo in medicina o magari in legge, siamo esseri umani o era una questione di tetto sociale, di equalizzazioni, un segmento di tempo con immagini che si ripetono. Cos'è normale? Solo la creazione porta disagio, tanto bene o un modo così assassino, non sembra che l'infezione sia la sola forma di comunicazione. Immagini, strutture matematiche, geometrie, tutto era vietato in questo mondo, solo il male come il silenzio delle menti, o solo un gioco di specchi quando la luce si riflette formando una figura precisa. Loro rubano tutto, screditi discendono in maniera così agricola, mentre altre persone hanno bisogno di mangiare da diverso tempo. Il bene si paga sempre, lo Stato è debitore di tutto alla fine. Si spiega con un applicativo: loro sono parassiti, si appoggiano a strutture.

La parola si perde nel silenzio, non è normale vivere con un corpo estraneo in noi, un'altra persona che portiamo addosso, non siamo noi quelli cattivi, è un carcere instaurato per noi la cosa più brutta, la depressione e le tante altre abbattibili, quel che sarà il futuro, la possibilità di vivere soli anche assieme agli altri, l'aria fresca e umida, la libertà dello spazio, la miseria rovinata così poi siamo noi gli scomparsi, ci hanno prodotto con il falso cioè non è vero, scappiamo… alla fine sono sempre lì per colpire, sono dei malsani lì vedo fare una fatica enorme come tutti sanno per dire di quel potere nero che ci circonda e ci peggiora, infondo sono loro stessi. Qui è tutto chiaro non si esiste o, non è vero. Anche se a volte non riesco a liberarmi… perché dovrei piegarmi dal peso, se nessuno ha detto niente? A domanda rispondi, non esiste nessuna voce, spirito o immagine libera nell'ambiente, anche s'è matematicamente certo oltre a viverlo in prima persona, un male abita come noi, una rete di cose cattive, i ragazzi e le ragazze sono costretti a eseguire, come tutti si chiudono in quel fatto buio, come mai nessuno non pensa più che a sé stesso! Quanti imbroglioni resistono, ancora un po' più in alto come vedi spariscono, ancora più sopra scompare anche l'animale poi, il problema sussiste con le lame. Ecco riappare il cielo, che bello! La soluzione sembra facile: occorre vedere cosa intendi per chi ha perdonato il male, macché sarà l'impressione, serve rilassarsi, far sempre cos'è normale, Dio ti aiuti è un esser unico bellissimo. Basta far vedere che ci conosciamo, allora studia com'è l'eliminarsi dal mondo o, il fatto che non esiste niente. Un male non è così forte come racconta, bisogna essere la legge, noi non ubbidiamo l'inservibile poi, è lui lo strumento della discordia. Dimenticati nella cenere, dimentica della discordia. Chi ha perdonato il male è il demonio, risulterà tutta una messa in giro anche questa, il mondo mi sembra capovolto esattamente di cento ottanta gradi. Mi trovo mancante un piedistallo, ecco così me ne vado, come tutte le altre cose sbagliate che dici o parli tu, tu domani, tutti o tutti insieme… un male è il non potente scrivere tutto.

Storie passate sono nel quadrato, così chiamo quella maledetta scatola dove si cresce ma non si deve stare per sempre, anzi è meglio mai, fanno credere sia la vita restare sempre in quella scatola. Il pensiero va più veloce della scrittura, quanta falsità è nascosta in ogni singola frase noi siamo da sempre, quanto pensiero imputridito esiste fa effetto come la parola.

Immagini che non parlano sono così ma, non è affatto vero che non si sa, non si vede, la natura, le esperienze si rispecchiano completamente nel nostro corpo, gli occhi, il rifiuto, il non mangiare di quelle idee, il pensiero moderno superando quella serie di problemi.

Il caos ch'esiste è normale,
ciao.

9.
Finché non si arriva

01.04.2006

Siamo distanti in periodi, ci vorrebbe come minino uno di anno per incontrarci, come fai a parlare d'immediato, di presenza, preoccupati dell'essere. La presenza è un punto, un'immagine. Io sono un essere che non puoi distinguere a causa del male, del falso non del maligno, della malattia. Il potere del piccolo Stato è un gioco, la necessità del nutrirsi diventa molto più grande, il bisogno, la fame. Clicca non preoccuparti dello stile, puoi parlare più piano. Il disastro è come un'opera, loro sono freddi come ghiaccioli o mali, si i mali sono freddi. Basta che non ti tagli ti aggiusto, questo sembra il carcere non vita come la chiamano. Torniamo al discorso dov'eri di prima, cosa devi studiare l'incidente, ok. Un male ci promette d'essere più in alto, oggi è niente se non paghi, non hai nulla. Quel futuro è artificiale, serve a guarire gli infermi quando i mali saranno zero. È come cancellare una parte dell'essere, il negativo, l'impostura, l'orrore di cui sono vittima, mi era sembrato uno scambio di persona, gli inferni verranno cancellati. La scuola dopo l'infanzia non serve a nulla se non associata al bene, diventa una realtà talmente discostante dal cammino della vita, quasi si preferisce morire invece di riguardare cos'è possibile, perché pensare ai demoni è pensare alla morte, i demoni liberano da quelli falsi che sono una disfunzione, il malaffare, il guasto, il guadagno. I demoni sono l'inizio del bene, un essere umano vertebrato invece di mali che anche in parlamento o in Vaticano sono tormenti, assilli. Oggi sarà pur sabato, la verità è sconvolgente, giurano così: continuerà nel segno del male, in compagnia dei mali, compagni fedeli senza discernimento in niente, nella nebbia a prender botte per sempre questa è la vita, un inferno. Tutte le sere non può essere così! Si muore una sola volta, almeno siamo esseri umani, non farti male continua, la strada è lunga fino all'uscita. Siamo un sogno, una legge dove non esiste, rimaniamo durante la distruzione, lo sappiamo cosa sanno, il nulla, un vuoto.

Solo delle responsabilità nel tempo si dividono, anche se il mio amico sembra ancora molto fuggitivo e, il comune infetto. Lo spazio in casa o fuori c'è prenditelo! Vedrai la vittoria, siamo… così ci lasceranno. Se resti scollegato invece non capisci, solo il messaggio libero è gradito. Bilanciare tutto nella vita non si può ma, fare in modo funzioni, classico. Quella non è realtà, ti hanno imbrogliato.

La migliore strada comunque resta l'esperienza privata, soprattutto non dare niente al male! È spazzatura, i cattivi pensieri, il tempo no. Nessuno può fuggire alla vita, non vivremo più male, le brutte parole saranno spente. Usa ogni programma per restare in rete tranne il suicidio, sarai già un signore, non credere principalmente nelle scale, nelle salite, nelle discese, le corse della vita, sono già tutte stabilite dai primi anni in vita o dalla nascita. Quel che siamo è cosa diventeremo, semmai è una rincorsa a riprenderci cosa ci hanno rubato o, a farci una faccia. Mi piace la pioggia, il tempo nuvoloso, le nuvole. Un giorno piangeremo, ci hanno cancellato i sogni, le realtà del bene non sono solo fantasia, sono arte poi hanno una parte chiamata credito, lo Stato deve garantire i soldi. Istituzioni sono nate per liberare non per imprigionare, la libertà fa piangere anche noi, il tempo ci allarga vive di oggetti moderni, contemporanei, il concetto del futuro inteso come incidente all'esperienza. Il pensiero può essere studiato con dei filamenti, individuato in esterno, riportato così in legge.

Sono tutti i campi dove puoi trovare delle verità nascoste, tumulate dal governo e dalle cattive persone ma, attento il tuo governo non è il male ma non è il demonio che si aspettava oggi! Qui, chi dice sono io? In arte non esiste niente d'impersonale, non esiste quant'è grande o inutile descrivere, non serve essere i peggiori, le strade non ci sono ma esiste un male, non una questione personale. Viviamo in un estremo, solo la fine libera e il tangibile realizza, un ragionamento comune prosegue se susseguito da caratteri colorati. Il potere non è nostro ma tanto meno di quelli che lo possiedono, come questo continuare nel senso: se non è mio, non deve essere di nessuno altro, è come la miseria rovinata, la deficienza o una malattia non la storia di tutte le malattie messe assieme.

È pomeriggio sto per uscire, vado a vedere cos'è libertà, dunque l'assenza o felicità d'incontrare la morte! Non ci credere, pensa che i beni siamo tutti e l'habitat molto vario, saturo e i colori sono moltissimi. In entrata, in uscita il quesito è definito, il maligno o il brutto. Viviamo chiusi in un ciclo ripetuto, dove succedono una serie di avvenimenti e poi si ripetono, ad esempio succede qualcosa la soluzione è retorica, sarò la persona più felice del mondo quando troverò una persona che sa distinguere il male nelle parole e nelle persone. Serve occuparsi sempre di più delle proprie idee, soprattutto delle occupazioni, sembra esser sempre soli mentre il mondo intero, diventa solo un contenitore di persone. Un altro istituto il mondo, il ricordo mi folgora entrando in un altro sistema lunare o solare. Il mondo è un sogno che si realizza con grafiche inferiori a quella reale, anche se siamo controllati di continuo.

Quel che vediamo non è un sogno ma, un'esplosione non dichiarata apertamente, come mai non si può parlare di quel problema che secondo i poteri avremmo commesso, spero tantissimo questo falso tabù // // un giorno venga abbattuto. Tu non parli, ti è negato dire un male è in tutto, addirittura dire un falso bene, attento in realtà sono persone come le altre ma, cosa fa un bene non è possibile lo faccia un male, ricordati sempre di non offendere il bene, è anche la propria persona. Anch'io credo in un profondo e duraturo sconvolgimento dei sensi, un caffè? Sono sempre indeciso se vivere la mia vita davvero o, vivere quella alternativa che non c'entra niente. Devi sempre aspettare, riflettere su come passano le ore, le giornate.

Farsi tanti regali e farli, comprare oggetti anche se costano poco… che fine hai fatto ti ha conquistato il male o stai ancora lottando, non aver fretta ti hanno già rubato un attimo: vivere in modo normale, in un mondo cambiato da anni. Un omicidio continuo, un fatto brutto ma, un tradimento è non aver niente sul pianeta di presentabile. Qualcosa io l'ho trovata esiste un tempo, un ambiente diverso, una risorsa è sempre la ricerca ma la vita è corta, come l'acqua nel deserto, i tempi morti sono il male.

Un bene è grandissimo,
un bene non accetta ignoranze, ciao.

01/04/06

10.
Polvere di un mondo distrutto

15.04.2006

Confessate: il colpevole ha parlato! Insomma non vorrete passare la vita così nel male, come senza esser pagati, rimanere in sogno, cos'è il naturale percorso di una vita e il futuro. Il passato deve essere sigillato come successo per vedere il presente e il futuro, i traditori sono virus della propria persona, non si può uscire da una rete di umani, disse: finché non finirà non lasciarmi.

Siamo in un ospedale questo non si dice, ti prendono per paranoico, chi si ribella viene eliminato, come si fa a non esplodere forse un male lì ha comprati per orrore, ci rubano l'identità per giocare ai nostri affari, spegni quella fiamma per cortesia. L'esagerazione è la prima forma di bene poi, uscire da quel quadro l'insieme di due o più spirali, due o più comuni dove risiede il male, l'insieme forma un giro di anime, secondo nascita come viene chiamata, formando uno schema d'idee spente e pensieri cattivi da distruggere, pensavo in fondo aiutano come la rumentiera. Chi è regolare viene accettato! Poi parlano nel silenzio, come fuochi sul bruciato. Il deserto è così comodo per gli evasori fiscali o per i truffatori che confusione c'è nel mondo basta guidare ehm, guardare, già guardare, notte. Sai distinguere l'alto dal basso? Certo che ormai siamo dotati tutti di un'istruzione superiore. Cosa non studi non capisco? Un bene non è accessibile o non mi viene in mente quel sinonimo di accettato nella nostra società. Nel mondo non è accettato il vero, solo il falso ha valore così talmente da sembrare vero. Sbranati da uccelli rapaci, tutto il giorno fino alla fine per poi ricominciare un ciclo ripetuto che si fa passare per il quotidiano, proprio dove il male è nel meglio, nel cuore dell'istituzione o dell'affare in genere.

Il fatto più sconvolgente diventa di come passa inosservato nella mente, non è normale cos'è un'esperienza personale in paragone a tutte le altre, vivere in tutte le cose non è un paradiso molto caro. Ogni cosa sembra riconducibile a un luogo comune, come s'esistesse in un posto, ci sono posti che non esistono sono il futuro, come essere lo stesso. La misericordia è così grande che i soldi sembrano inutili, le persone rispondono da sole se chiamate, non conosci i mali sono un'opera più di una situazione orribile, qui in Italia. Chi ci attacca è sempre un male, cosa avviene dopo è tutto, non l'epilogo o il tempo che trascorre prima, durante e dopo l'azione. L'eccecazione è una fortissima luce che assume forme diverse da quelle espresse, essendo a una velocità più lenta, non esiste niente di più scorrevole del tempo, il mondo è completo non manca qualcuno è ti lamenti che non trovi niente e nessuno.

La vita è il primo punto di presenza, cos'è principale nella legge vera rimane nonostante il cattivo vivere, vorrei sapere cosa ci costringe a non arrivare, forse lo so è troppo banale, sembra che chi vuol vivere nel bene debba impazzire ma, la negazione di un bene non è lo Stato o come si chiama il fascismo, esiste molto di più sotto, non serve nascondersi per credere in Dio, non fare così, non morirai. Disapprovo quella cultura dove tutto è compreso, prendersi tutte le cose esistenti assieme per bene e per male, serve come minimo tagliare fuori quel che non ci appartiene, la spazzatura riciclarla, vero non tutto è dicibile per il momento a causa di uno schema che ci imprigiona, come dicono per restare uniti i nostri comuni da confine a confine. Un bene risiede sul pianeta, non ha niente del morente, tranne per l'infamia che poi distribuiscono per tutti i beni, non farti possibilmente estrarre il cuore. Il mondo aspetta un riscatto, semmai è vero il contrario! Il creato è sommerso, con un po' di coraggio sono tornato una volta, ora vedo solo macerie, belle e brutte creature nel disastro. Ti decidi a nascere, qui nessuno vola sopra le persone, come altre realtà fantasiose ma, di risvolto dall'altra parte si vede la verità, come dire la scommessa, ci siamo proprio tutti anche se nessun Stato ci ha dato dei nomi e, dei documenti chiari. Cadere! Questo è il gioco vietato, cosa non si può dire, diventare la chiave per scoprire un bene o un male, cosa non si può è letale a volte. Un male va battuto all'istante senza aspettare domani come i più furbi sanno, comunque apri una finestra ch'è tutto reale. Un bene è sempre più forte non confonderti, i mali sono ladri, le rubano le identità. Succede come una vendetta, o meglio una reazione a una azione poi, sarà un paradiso, le assicurazioni. Ti interessa guardare che non esiste niente d'impossibile, il potere di un bene, una volta trovata dalla sua evoluzione di base, lascerai qualsiasi Stato o istituzione tuttora esistente. Dicevo siamo tutti degli istituti, istituzioni, altri programmatori, altri di numero inferiore sono la sindrome del padreterno, basta sgrovigliare un'equazione matematica anche semplice. Noi non siamo mai stati, un male non è mai chiaro significa che tutto viene celato, nascosto come se non fosse possibile che noi esistiamo assieme a un male o, a un bene creando banalmente nessuna possibilità d'uscita, si evolve brutalmente la vita vista in questo modo, mentre la libertà dopo il purgatorio è molto, molto bella, quanto ci fan sembrare sia cara poi, non serve parlare, non è utile da ciò però la posatura va bene sempre per non dargli colore. Dicevo esiste una soluzione a tutto in quanto tutto esiste, cos'è necessario esisterà. Buffo quel modo di comportarsi, del non trovare niente, come se fosse impossibile realizzare. La morte è fattibile, tutto il resto è compreso.

Il lavoro di tutte le vite! Esisti fai, invece è sempre un confronto con cosa gli altri credono, siamo un risultato ma ben lungo eppure ridi, nessuno ancora ha pensato a com'è semplice la soluzione, come è strano nascosti nel sottosuolo salteremo sulla Terra anche solo per morire. Un Sinergie, un essere produttore di sostanza qualunque, devi trovare qualcuno più in basso, perché questo funzioni? Tipo in più, un lineare semplice, un moderno o, quel che 'l copiato.

Qui chi si paga il padrone o, il dominio? Il falso è noto, burocratico, nazionale, defunto è anche bello, per quei disegni al dir poco illegali. Un silenzio assoluto è un bene ma, di norma sento un grande, grande rumore di fondo durante la giornata, perché menti dislocato in altre posizioni della rete, un male abita sul pianeta ha un suo indirizzo.

Verità è un centro secco, anarchico magari, un passaggio a livelli superiori in avanti nel tempo, vive nel mio corpo, io faccio sempre tutto il possibile affinché la quota venga raggiunta è ci riesco il 99,97% delle volte. Nel silenzio sarei molto in alto, se così si chiama la coscienza, il partito intendo. La fede di un male è nell'errore, è il fascismo tradito. L'aria fresca è un sintomo dell'essere nel bene, il sangue non è un tabù, le oggettività ritornano sempre hanno bisogno di un ritorno come le persone, esiste troppa malattia in giro, si può definire anche un assoluto regime fascista, sopra le nostre buone case e idee niente di dichiarato, anzi come se fosse normale un virus installato nel software personale del quale nessuno sa oppure non vuol dare risposta, una soluzione pur quando magari è ovvia ehm, obsoleta ma cos'è la regola, verrà restituita. Andare in alto non serve no, non si può in questo mondo senza avere scelto un bene per bene e, un male per male.

Ho visto posti dove tutto l'esterno è male a volte anche l'interno, l'assoluta ripartizione da essere sé stessi. Basta impari a evitare la morte e mai le memorie di un bene nella terra dei mali. Devi pensare alla distruzione del male e come farla succedere, la dissoluzione del falso fa intravedere e possiede la verità, la naturalezza, l'ovvio, la normalità, di questi periodi è la certezza di esser caduti in trappola, il fatto che ci tieni ehm, tiene, io ho visto cos'è successo, le azioni delle persone e la loro identità, la terra è un abbellimento dell'essere un umano.

In verità quando la distanza tra la nostra anima e il nostro corpo sarà zero, tutti i mali saranno eliminati,
un posto reale è la vita futura.

Ciao, G.

11.
Il mondo, le persone

16.05.2006

Le possibilità di questo mondo sono il futuro, cos'è immaginario se concreto in sostanza, la soluzione di oggi è il lavoro di domani, la creazione fatta oggi è materia ancora da scoprire, l'infinito sarà il futuro, la resistenza di un essere umano lungimirante, un habitat dove le persone, sono già state ma presenti. Superato un male si accende un bene, il rispetto porta ad avere un bello, un optional, come un malato avere la sua medicina.

Tutti sono molto fugaci, passano davanti come oggetti volanti, eppure non si può sottrarsi, a volte si ruota senza tregua fino al riposo, serve puntellare per bene la pratica, inquadrarla da queste parti pure un nome non farà certo male o, la sua eliminazione, se di questo si parla. Credo sarebbe meglio guardare al bene come una forma di vita, molto più complessa e da studiare. Siamo un'opera d'arte da curare, invece ci cementano, ci rammentano… non voglio insegnare niente a nessuno ma, ti scrivo di un orribile cecità che imbruttisce la vita quotidiana in generale.

Rilassati non so come dirtelo, non c'è proprio nulla da fare il mondo è cambiato, bevi qualcosa questa realtà sembra diversa da cosa ci fanno assomigliare, non mi dilungo troppo in questo momento a dirti, ad esempio la luce non è possibile sia normale luce del Sole, ci sono presenze esterne, spiriti, nature viventi mai sentite prima, quindi che fanno costringono tutti a dichiarare che non esiste niente e nessuno, tranne la luce e le singole persone registrate dai documenti, facendo confondere così Dio tra risultati irriverenti. Ridi, sono come dei bambini questi che comandano, peggio il resto. Se non dormi ti picchiano e, tu dovresti pensare sempre a cosa potrebbe succedere nelle prossime tre ore. Ballare è la prima forma di libertà dopo la scuola ehm, la parola forse sbaglio ma, nessuno denuncia un male, come se un bene non ci fosse, da ciò sembra tutto normale ma diventa la peggiore posizione, pensa che 'l mondo è bellissimo, il frutto del lavoro nei secoli di tutte le persone mentre l'arte in un suo iniziale capriccio, abbia veramente rivelato quel ch'era sua intenzione.

Solo Dio vede alla luce del Sole ricordati, come farà un uomo a inghiottire tutto 'l mondo è non dire una parola! Deve esser molto resistente, come dire anche molto atletico. In realtà io sono già passato, come tanti e tante. Quando si resta pieni di problemi, si ha addosso il male, come una copertura, un carcere di norma poi, dicono che qui le coperte sono molto ben viste. A chi lo deve fare il male, consiglia ehm, ordina di non farlo, ho visto il mondo diverse volte, quanto male c'era intorno e dentro noi stessi, quanta pazienza per far scomparire quell'enorme macchia. Assurdo come viviamo, vedrai la scoperta porterà alla fine del mondo, ricordati non era più di una malattia l'ignoranza, la putrefazione degli anni spenti, il degrado e la rovina macerie di un mondo in fin di vita.

Le nostre azioni non sono pagate per niente, siamo di continuo attaccati o scambiati per altri, le persone pensano male i propri pensieri, cosa si può fare lo Stato esiste, lui funziona per difenderci e accomodarci, forse faremo da soli, sarà come riprendere la ragione nel silenzio, si osserverà meglio la legge. Cerca nel quadro la quantità, la qualità per ricostruirlo come un puzzle, solo un discorso di tempo non di bellezza basta poco per annotare la realtà. Il tempo è un ottimo amico, come l'espianto della gioventù, il mondo dei mali deve essere sotterrato. Tutto il mondo scorre sotto di noi come un fiume, un bene nell'incredulità, dove nessuno può discutere l'ovvio, il possibile, chi sono queste persone così cattive da voler questo.

Mi sono perso è solo una serata ma, niente è normale, sembra uno scherzo o una distrazione. Bah! Si è sera, ma quante idee possono nascere nel lasso di una giornata, eppure adesso non compare un programma da seguire, un play da attivare, ah sì questo lo farò da solo però… mi sembra un arcobaleno di possibilità e nessuna sfruttata, dici che lì hanno pagati ma, certamente e ora sono a casa loro… cos'è quell'affare, l'idolo del niente, sarà come l'odio questo pasticcio, anche se so un giorno mi frutterà dei soldi. Quindi niente o, meglio niente di colorato, solo rifare la ripetizione in questo mare di nulla, di niente, di nessuno, di deserto, di vuoto sta per esplodere il mare oppure io? Cremare il futuro mah, mi fermo per il momento sembra avete molto da dirvi, vi farà un male atroce l'asportazione del male, necessaria come far nascere un vitello, queste serate fantastiche di primavera, le serate si allungano e prospettano anche l'imbarazzo di cosa non si è fatto in questo inverno.

L'inverso di cosa, pensa è la parola un'idiozia che comanda, non ci credi… non lo sai! Sì farfuglia come sarà il potere della coscienza, per poco il mondo si spacca, si ripete l'atto come si sentono gli artisti e gli altri raccontare sempre la stessa cosa.

Anche un male è una ripetizione di fatti e accadimenti, d'intenzioni e idee, alla fine si consumerà la superficie del pianeta, ed è proprio per questi motivi che deve essere eliminato, se una cosa non la vedi nella giusta posizione, non la conosci per interno, ormai si faranno sempre le stesse cose o, viviamo in epoche distanti, lo chiamo per meglio dire il potere dei soldi. Quante imposture sono sopra di noi, il pensiero è un falso! La gente pensa male dei propri pensieri liberi, come pure non ci faranno ammettere a loro discapito che 'l male esiste, non sapendo di colpire un bene a sua volta, cosa ignobile più che sbagliata anzi perdi tempo poi, è una cosa molto infruttuosa perdere tempo. Il male può offuscare la mente ma con del cotone negli ingranaggi può essere ripulito, non come dicono viverci per sempre è la soluzione finale. Nella mia sfera cioè la nostra città vive il male non può essere nascosto, una fatica è non riconoscere tutto quel che esiste per vero ma come avere la vista impedita, non avere un quadro visivo porta a degli errori personali che comportano anche solo falsa appartenenza al male. Vuoi sapere s'è una cosa brutta? È come una guerra con i suoi missili, distanti per chilometri poi si vedono in lontananza, i magari. In realtà poi non si perde niente, si guadagna nel tempo sempre, siamo degli accumulatori. È tutto già successo, aggiungi la fine nelle possibilità degli oggetti o progetti e il male si annulla normalmente, da combattere resta solo cos'è nelle persone, delle ferite psicologiche o, far pulizia nella nostra casa.

Considerare un male come un bene resta la cosa più brutta che ti può succedere, nel bene in una serata o in una giornata non esistono gelosie, corna… sembra tutto misurato per durare a lungo ma, senza problemi. Succede questo, uno agisce male è va via, mentre un altro per evitare fa bene creando un futuro mite, non dando fastidi agli altri, esiste chi ci vuol far credere di poter distruggere questa palestra ma in realtà si può morire e non distruggere uno spirito, un'idea o qualcos'altro. Quel che di malsano può succedere è calcolato, di volta in volta il suo peso è numero sempre minore poi, arriva pace per tutti, l'amore che sconfigge la peste. Quel che nostro dalla nascita, alla fine è nostro, guarda se non si vuol vivere nel male si deve rispettare un bene, questa società sembra concime per una futura, invece in realtà siamo noi mah, forse significa che dobbiamo rinascere in vita per far ciò bisogna combattere e sconfiggere il male, muoviamoci instaurato, qualcuno deve fare qualcosa altrimenti non funzionerebbe la macchina della vita. Dipende molto da cosa vedi davanti a te, le prospettive sono finite.

Ti sembra possibile che non c'è rimasto nessuno in questo paese, cosa si consuma, ci si ritrova tutti assieme nel mondo per aprire gli occhi, servirebbe qualcuno o meglio Stato che qualificasse queste nature che rimangono per la maggior parte nascoste, com'è vietato sapere, serve che questo posto abbia più spazio eh, sì non si vede ma se lo fai volare in aria, si respira meglio, grazie! Ci sono troppi interessi, troppe cose negate che poi vengono a galla, vien da piangere che orribile omicidio della vita, il meglio diventa un gioco di luci o, una tossicodipendenza dall'innaturale.

Un normale errore quotidiano, sembra enorme, come un grande taglio rende immobili, succubi. È inabile quest'ambiente, troppo stretto per un bene, questo resta molto importante. Ecco poi un carcere ripioverci addosso, non una natura nascosta, manca dalla sanzione alla vita uguale dire, restituire pace al campo santo e estinzione all'inferno. Quante esplosioni ci tolgono agli occhi, ci levano le parole. Esci a constatare se il mondo è gratis, pagato o se succede in modo naturale… in una realtà statica, solo un disegno si ricorda, scegli le cose eterne non quelle durature, questa è la via per trovare. Il tempo del progresso è una diagonale in rapporto tra quello normale e l'acquisizione di bene, le persone sono vuote, attento alla fine di quel tunnel si esce di nuovo dove si è partiti, nessuno mai sarà libero ma in tutto esiste una soluzione, tranne alla perdita o alla malattia in caso.

Un bene è il paradiso in terra, verrà pagato, ci saremo buona fortuna, buona norma è mantenere un sistema working che garantisce il nuovo mondo. Meglio superare tutti i narcotici per avere uno stato allucinogeno permanete, lucidità nella certezza che 'l mondo a cui apparteniamo. Superare tutti gli stati d'animo per avere limpidezza nel cervello, è non per questo non usarlo, non conviene vantarsi da solo ma, bisogna avere la lucentezza di lucifero, caos eppure l'ordine davanti, è tutto qua disperso davanti a noi, la legge è l'illuminazione. Ho la sensazione di vedere proprio bene, più in là ancora meglio, la bella luce del lampione chi testimonia un bene conosce la luce elettrica. Quel che rimane è un paradiso, senza voci esterne, il mondo di nuovo, ai defunti l'inferno e, il campo santo. Chi ci priva già di un bene è in errore, la regola dice sbriga prima tutti i doveri verso gli altri di qualsiasi genere poi, rilassati sui tuoi piaceri. Molti sembrano dei pezzi di legno, un giorno piangeranno, se avranno la possibilità di essere liberi. Ricorda la strada esiste, se non altro l'hai dentro cosa serviva a tutti, ti devi solo rallentare un po' e non farti male. I conti tornano sempre al rovescio, al diritto, di destra, di sinistra, siamo perfino delle unità, buona notte con tutta questa periferia, periferica benigna non serviente per fini materiali ma per quelli filosofici, io non ho un singolo fondo, né la fondina… forse sono distrutto. Vivere come se nulla fosse stato creato oltre alla natura, l'immagine è la vera forza creatrice oltre il suono, noi non siamo è vero ma essendo dei frutti. Il caldo forse la chiave principale per uscire dalla magia nera, il modo per farci funzionare meglio. Continua dopo sarà sempre meglio ma, ho la sensazione che non esiste possibilità di cancellare cos'è la fine, come senza un grande cambiamento la fine del mondo è già successa. Presentati con un oggetto di valore cristiano su di te e una buona mano in un'arte che pratichi, non morire per favore, cercheranno di ucciderti ma, non ci riusciranno.

La città è una pace, non credo si possa viver bene molto lontani da una città dove andare, meglio uscire a vedere la realtà ch'immagini. Ieri ho visto un incidente mortale, ho fatto tardi per andare in palestra, non si dovrebbe vivere male per nessun motivo, che sia un momento storico o qualcosa di simile, è la popolazione dell'inferno sul pianeta, ha l'anima libera in cielo e un grande fastidio al cervello. Occorre accettar tutto di sé stessi non perdere tempo, aver delle buone carte in mano e molto tempo a disposizione. Quel maledetto software malware cancella, mentre l'eliminazione del male è necessaria, significa che la gente non ha ancora fissato cosa vuol fare, soprattutto chi è... in fondo siamo noi quelle persone che stanno cercando, le entità o le potenze negate da uno stato di cose che paralizza la società, sono molto affezionato a quei sogni o film che da ragazzo si fanno, come poi lì hanno uccisi i cattivi o quelli che saranno pagati un giorno con la vittoria come ovvio. La piovra resta realtà, non fermarti mai di combatterla, anche se solo continui e a un certo punto vinci, almeno una percentuale, in tutto non è come si muore, o se alla fine ti rilasciano. Noi ricadiamo sempre in forme più belle di un atto giudiziario, assomigliamo a noi stessi, così per andare sempre meglio, quel cadere è solo una forma psicologica, opera del male che rimane.

Buona fortuna, G.

12.
La memoria, le esperienze

10.06.2006

Io sono un computer sveglio, pace. Orribile sarebbe bisogna scendere nel male, meglio dire accontentati di ciò. Si capisce tutto per quel che alla sua altezza, un bene è molto concreto a differenza di cosa si pensa, anzi a volte l'immaginazione sembra male, senza tangibilità. Io non cado mai o quasi mai, dici che mi sono creato il male lo stesso, dico io non s'è fermato nessuno, la storia se n'è andata. Un male anche più tardi diventa lo stesso orrore ma anche la stessa persona, domani non ci vede nessuno, a me piace vivere senza tutte quelle corone che fanno portare, nessun ornamento basta, solo il corpo ha importanza poi se chi comanda non fa funzionare la macchina, significa che non funziona niente. Si afferma scaltramente una questione filosofica, politica ma cosa si vede è solo un regalo avuto quando si era bambini, la differenza è fascismo il più grande nemico sia stato mai inventato, mai e in nessun modo posso immaginare di peggio per quello cui parassiti, amici, umani non capiti ne fanno un governo, loro vivono sulla nostra immaginazione, ci fanno il male e noi dobbiamo acconsentire ciò che sbagliato per noi. Falso fascismo così puoi chiamare il male, anche s'è pur altro, lasciali comunque inoltre c'è bisogno di una buona compagnia militare. Il mondo è molto, molto diverso da quel che si crea oggi, tanto per cominciare è finito, il futuro conosce oggi poi ti racconto altre cose, il ricordo, la memoria di cosa facciamo. Aspettiamo la fine del mondo è la migliore cura mai aver paura delle cose grandi, sono quelle più belle e non fanno male.

Un discorso filosofico sono le stesse nature del bene, del male cosa si vede è sempre una scusa per parlarne o il motivo, come la rete internet umana ci coinvolge in modo da assumere per forza delle posizioni non considerate pubblicamente ma, dato la quasi totale dichiarazione scritta, cosa può succedere è infinito. Occorre affidarsi alla matematica aver fiducia e volare non è possibile spegnere niente. Il potere delle decisioni, la libertà che completa l'arte, ci muoviamo con lei. Entra in un software già riconosciuto, fanne parte come uno di loro, la potenza si acquista nell'immagine, o in una fotocopia di appartenenza, di presenza-essere, attento alle buche e al vuoto mentre torni a casa. Ridestati il Sole non potrebbe dirti meglio, guarda non era un sogno la cecità delle persone. Chi vuol male è un malato, siamo venuti al mondo una volta sola, non solo fumo, una sottile soglia di differenza, mentre niente è come prima, prendere velocità rende enigmatico il quadro, ma ho scoperto il gioco la velocità non era naturale, a volte anche la temperatura corporea era diversa, quante cose possono succede in un giorno, apro la finestra. Esiste la sostanza per creare una nuova vita, la fine del mondo, tutto è disponibile come se già assodato poi invece no mah, cos'è normale nell'anno cristiano zero sei. Resistiamo non si può vivere senza una concretezza su cui costruire, come si fa a subire un male non è normale, non tutto deve esistere, il futuro elimina le cose che sono in più da tanti e altri punti di vista, si può disegnare un presente ben diverso da come le persone lo vivono. Quel che molto importante per il comunismo è una pace personale più ampia, viva Rifondazione comunista con loro sembra di vivere in un sogno ehm, comunque poi ci hanno ucciso, succede a tutti anche alla destra, i mali fanno così con tutti, lì uccidono, cioè sono per me una delusione. Il potere odierno va cambiato per installare cos'è l'odierna realtà, un radicale cambiamento di livello o la graduale eliminazione del male, non una disfunzione definitiva per la vita che ci prospetta questa società. Qualcuno spera in una pace senza spine, eppure è possibile, si può paragonare a una qualunque persona che ha un computer in casa e svolge le normali attività seduto sulla propria sedia. Povero grande poi ricco male sei in delle spirali coniche, anime spente che si estendono di comune in comune poi gli altri anche loro di vario genere, da studio associato a banchiere fin l'ufficio pubblico in una catasta di persone accumulate tutti per uno, perché l'altro vive come in montagna? Lo chiamavano il paradiso questo quei pagani, se ne lodavano con i figli e in pubblico, lo tenevano nascosto come la cosa più bella, ci governavano in quanto era il bel vivere sopra poi era ed è un'infezione, una malattia e il dieci per cento della popolazione, chi vuole che io assumo un male, mai è impossibile.

Il ritorno degli oggetti e degli individui, nello stesso punto ma in un tempo diverso, è la funzione più potente che possa esistere, cosa nasconde lo Stato se ne in possesso, non è sicuro che sia qualcosa che loro hanno ma, ci esplode in faccia di solito il risultato. Quel ch'è un potere completo lo sfiorano i potenti, così denominati nel nostro mondo, a voce bassa ti dico tutto 'l bene è vietato assurdo, come dire non si può fare niente, solo morire. Vedrai si troverà una strada, si dice che per tutti i posti c'è una strada per arrivarci, gli altri non sono punti reali. Migliaia di anni nascosti, di tesori infiniti poi devi stare attento a non dedicati alle persone singole… è vero siamo tutti sotterrati, ma credimi sarà tutta colpa nostra. Ho un enorme progetto per il futuro vivere, sono completamente cosciente di quel che siamo, abbiamo già fatto tutto, pensa a quando finisce una giornata, noi finiamo con lei. Vedi per me il mondo è cambiato con noi, ma nessuno vuol ammettere niente. Quanto falso potere, insufficiente e malsano ogni giorno si nasconde, verranno stanati ed eliminati, questo ci promette il ritorno delle cose. Umani in che cosa dovrebbero credere, se sono circondati in H24 da un male, bisogna che qualcuno dichiarasse, credimi quasi tutto 'l brutto dentro di noi è fuori di noi, quel tuo o non tuo invece è un male, un potere minore che ci costringe al silenzio. L'accomodamento è una fase decisiva per determinare il padrone, una stratificazione sociale è fornita di tutte le qualità per essere risolta da tutti, non è dedicata a poche persone o, a farsi la guerra per arrivarci per primi o da soli. Questo mondo è al contrario, come si può creare! Non è una questione personale trovare sé stessi ma, d'insieme. Eliminando gli altri ti ritrovi, come tutti meno uno, in futuro ci ridurremo a singoli, ci diminuiremo.

Prima di tutto mi sono fermato, ho detto bisogna eliminare ogni agonismo, la pace si raggiunge solo presentandosi poi per quel che 'l nostro non rubando per dopo restituire. Ieri sera la discussione prendeva dei tratti anche sul fatto che in fondo un male vince sul bene, il fondo di preciso o di come si ritorna sempre di nuovo nelle stesse posizioni, in un circolo necessario, senza via d'uscita opinione cui non sono proprio d'accordo, certo occorre metterci un impegno personale per vincere ma, chi è un male non è dopo un altro o, il nostro normale amico. Il bene esiste in un altro punto, la funzione si muove in una direzione, non è una forma statica o morta, la natura non muore mai per sempre. Una grande pecca era non riconoscere di persona un male, l'identificare in modo certo quella persona, tra l'altro non intitolare delle classi in un quadro di progressioni. Questo vietato catalogare in Italia come nel resto del mondo, credo per non fare usufruire di un bene o, il bene per sé. Crea disagio, le malattie sono sovrane in questo mondo poi, si trasforma come si nota in uno stato precario che finisce solo con parole e spiegazioni. La memoria non è un racconto ma un frutto dell'esistenza, cos'è vivo non lo decidi tu o io ma sarà una condizione di sussistenza in cui ci siamo. Solo una maschera, uno schema mah, vado a comprare le sigarette devo fare altri lavori alla mia stanza, in pace. Un orrore del moderno è la parola dell'uomo falsata, imprigionata, comandata alla fine, a volte cos'appare è il falso oppure il tutto falso, da una falsa parificazione mai avvenuta. Un male che ci copre è il brutto tutti, uno stagno malsano come ovvio, così sembra le cose siano ferme e le persone siano mal gradate, malgradite per loro uniche, sembra che chi comanda odia, sembra una natura abbandonata per la cecità questa sempre troppa fretta, prova a rallentare per poi fermarti è un ottimo esercizio. Un bene esige una certa preparazione, basandosi sul fatto che uno esiste ed è dotato di occhi, arti e sensi non invece un involucro, un vuoto. Oppure in alternativa servirebbe uno Stato che dirige i lavori, chiarifichi la situazione, gestisca i soggetti, insomma un bene che oggi non esiste è un'impresa.

Tanti saluti, ciao G.

13.
Oggi piove

15.07.2006

1/8/06: Ti faccio un regalo ch'è la cosa più bella: non credo la vita sia una riuscita giovanile e basta, ma una continua salita in sapere o parlare, sempre per cosa è consentito dire o, non vietato. Chi sta crescendo e realizza a venticinque anni viene tagliato, al giorno d'oggi prima di parlare, non bisogna avere solo il cervello collegato ma anche le gambe. Vita non è solo un tubo cioè male, spero per te lo scopri presto. Con affetto, G.

07/07/06: L'inferno e il campo santo sono habitat aperti da sempre, quando si è svegli l'inferno resta sotto e il campo santo o regno dei cieli sopra, quando si dorme è l'inverso per questo si soffre tanto di su e di giù. Si dice sempre, forse è arrivata la generazione destinata a chiudere le porte. Persone per bene, padri di famiglia che lavorano sono storditi da un narcotico sintetico, viene riconosciuto come la disconoscenza del proprio pensiero per quello degli altri che sono un discorso di conoscenza.

08/07/06: Quel che vuole un male sarà sempre lo stesso, fa sempre la stessa cosa: un software malware ben installato in società, quasi non si distingue il contrario la buona riuscita delle cose o un fatto proprio vero come ci fanno ricordare che nessuno ha la testa, si vive l'oblio, non esiste la classificazione. La libertà non si sa più cos'è o, se facciamo parte di un'altra generazione, non ci hanno dato nulla, nessun diritto al bene, tranne la legge già scritta, intento qualsivoglia spiegazione naturale come l'acqua che si beve, c'è stata la fine del mondo e siamo tutti defunti, oppure sarà ancora tutto da fare, come da sempre ancora oggi. Insomma come presentarsi in un mondo ch'esige una rete planetaria con le restrizioni che ha, molti hanno già creato delle rappresentazioni artistiche mentre tutto è compiuto, penso anch'io ho fatto tutto il possibile. Si dice le persone non si sono fermate nel male con tutto il male e il bene… anzi si resta in attesa che qualcuno lanci una pietra: è colpa sua sperando di non morire noi, comunque di sicuro è cominciato qualcosa che ci piace… ho in mente di andare a prendere un caffè uscire a fare un po' di acquisti non credere nelle persone che hanno peccato, la mia religione non si è purificata, non pensare che siamo così lontani, siamo dei vicini come se abitassi al piano di sopra. Quel che non ci hanno dato ci salterà addosso come la peggiore delle colpe, digli che non si può eliminare la colpa di vivere.

12/07/06: Mi trovo nel paradiso comune terreste, la soddisfazione più grande, vedo quel che sono sempre stato, angariato alla fine evolvermi in un reale disegno, un quadro. La forza nasce da sola, dalla vita stessa che prosegue, forse è vietato anche restare in paradiso, dovrebbero vietare anche l'aria, i poveri, i ricchi, i disordinati, i mali. Impara ad applicare la matematica al tuo corpo: linee, rette, punti e parabole alla fine vieni appagato, paghi tu prima. Il tempo perso riguarda chi ha preso una strada e, sì è perduto ma non per sempre, niente è per sempre basta fare un numero a volte grande di azioni o cose per poi uscirne via. Un giorno vedrai poi dopo tutto non si deve arrivare a niente, ci siamo proprio tutti tra dieci minuti al più. Persone hanno bisogno di essere pagate ma, l'occorrenza d'essere istituite a una forma comune di ritorno. Sai col passare del tempo si svuotato così gli insegnano fare, puoi prendere spunto da tanti particolari per arrivare alla fine imperante del male, il lui o la lei falso classico. Da cosa vedo oggi c'è una bella strada tortuosa in salita, mille peripezie per andare oltre, pausa una sigaretta, ne ho sempre così tante come la buona musica, vuoi una verità non esistono beni vicino al male, solo un vuoto o solo Dio, solo bene semmai. Mai fatto pulizia di persone è un ottimo esercizio per la libertà, scegli quelle con le sbarrette aperte in verticale se hai un background tutto colorato, di addio alle guerre interpersonali. Una danza, un gioco, una forma di accomodamento, non siamo persone ma esseri più ampi, beni. La strada è ancora molta, intanto io ti aspetto fuori, in un altro territorio dove sono finite le guerre, mi occupo di qualcosa. Il frutto dice Carmelo Bene viene dall'amplificazione, ciao.

13/07/06: Un bene non è un oblio, un vuoto ma almeno una linea diritta per il percorso di tutte le esperienze, o le responsabilità di una singola vita poi nell'insieme, una rete privata o pubblica grande quando il mondo, vedrai un male attaccato a questo, come se non avesse più un futuro. La pace non è regalo, l'hai pagata, se ne deve andare quel travestimento maligno, così riavere. Mi trovo sul lungomare di Amantea con il caldo che mi riempie, penso un bene è legge non esiste quella tragedia, sicuro come avere un'arma carica in mano e l'altra legata. Traditori e traditi tra poco volo a casa, ci vuole forza, credere in Dio come in sé stessi. Bella l'estate un bel coraggio ci vuole, quanti falsi benvenuti nel mondo.

14/07/06: Devi fidarti del bene non abbandona mai, aiuta a sconfiggere quel potere oscuro detto vecchia forza, l'involucro che soffoca e coinvolge il moderno che ci appartiene. Va nell'altro verso, resistere è continuare, non esiste possibilità di morire. Sempre sorprendente, strano di certo non dedicato a persone maligne e malsane, quali il dolce fa male. Una scommessa giocata da tempi immemorabili sempre viva in volumi, aspetta solo noi con la nostra vita. La scoperta ch'è presente farà del mondo un mondo nuovo, anche noi. Si vive come fossimo già defunti, sparati contro un muro. D'altro canto un male lascia intravedere la disfunzione per non distinguere chi è già dalla legge, come altre particolarità, il malsano deve comandare, così che 'l bene non esiste! È un irriverente non te lo consiglio vicino, non sa dove resta per questo ha paura, servirebbe fare uno studio delle immagini che fanno paura, in questo periodo è una delle cose più importanti da fare. Si freni questa discesa, non si può dire nemmeno chi siamo, ah! Dopo, in seguito hanno insegnato che 'l problema era un residente, un continuo. Insistono nel dire che sono incertezze personali quando sarà pubblica la pratica, che faccia faremo a carte scoperte. Persone pensano che un male sovrasti tutta la sfera terreste sì ma, è solo una macchia, una nube di quel che nessuno dice, porta con sé una cosa preziosa a volte un demanio pubblico ho sentito: svelate questo affare, vi pagheremo. Si può restare sopra al centesimo piano, poi essere continuamente demoliti dall'assenza di Stato nelle funzioni giornaliere o, di quel che succede, può passare un male per normale? Come se non ci fosse nient'altro, tutti uniti nella mafia. Questo è un discorso che 'l tempo come il mare affinerà, migliorerà, penso in una evoluzione futura, in generale.

15/07/06: Dove restiamo non si arriva con un flash, la storia sorregge il presente. Quel che resta più di una percentuale è una sottile linea, l'esser stati dichiarati per scomparsi e molti hanno accettato, come lo Stato tutti dicono meglio perire che intraprendere un bene ma, soccombere a un male è la peggiore delle ipotesi raggiungibili in questa vita, qui è un campo di battaglia contro quelle bestie infernali, così come le hanno create. Un gioco di specchi, come la pioggia cambia luce, vivacità, diventa più viva la pace. Il futuro non può essere nel male se l'intenzione stessa di vivere comporta il bene, chi comanda sembra veramente un impreparato. A volte bisogna abbandonare il particolare, per guardare tutto il resto, chi non conosce il fondo non vive.

La scelta è essenziale per convivere, pensa se noi non siamo persone singole ma multiple, almeno due o tre figure. Vedi non esiste niente in bianco e nero, rosso e giallo, blu e verde è così lo troverai fino alla fine del male, lo stesso sempre, momentaneo. Chi dice un Dio non vive, non è un essere umano. Si continua crescendo nel tempo, diventiamo sempre più presenti con meno inganni, siffatto non fa parte del quotidiano, credimi le persone non hanno colpe, sono incoscienti cioè uguali, ignoranti non hanno qualcosa d'innominabile, sconosciuto tranne l'animale e al centro di tutto forse lo sai: tu cosa. Ho la sensazione d'essermi svegliato male ma, non è niente, recupero subito.

Oggi vado al mare…
vorrei offrirti volentieri una tazzina di caffè,
buona giornata.
15/07/06

14.
Alla corte dell'impiccato

26.11.2006

Tempo perso non credo, ogni tempo in quanto tale è una risorsa, mi dedico alla cura del mio bene anche per trattare meglio gli altri, è una certezza per vivere ed esprimersi allo stesso tempo, non voglio portare un corpo estraneo al mio o esistere in un posto diverso da quello in cui sono. Si diceva d'istituire una forma legale o statale moderna ma non si è visto nessuno, forse ha troppi nomi il cliente.

Una mia preoccupazione d'altro canto è sempre stata l'informazione, non si dovrebbe mai scampare all'obbligo, poi il dovere è una chiave per capire, entrare nel giorno corrente. Alle persone come si fa a dire che un male non esiste o, che fosse un'entità immaginaria poi gli viene portato anche in casa. Quelle idee, quei rapporti con il corpo o la mente sono delle persone umane infondo, non possono essere saltate magari superate, come un bene non può essere accumulato senza sorta. Un male si elimina in qualche modo, una persona come può fare. Insomma esiste un po' di confusione data l'enorme gravità o quantità del ragionamento, crea un disagio sia dentro che fuori di noi, nessuna legge pubblicata o medicina, si pensa: il tempo è all'inverso poi è solo il pomeriggio, ci creiamo i rimedi in casa ma in verità cosa sfugge è la vita ch'è ferma o non c'è più. Dare un nome a un'esperienza non è sempre un discorso già fatto, un'azione riconducibile a una storia non molto precedente può farci cadere in un vuoto, un oblio, un obliquo temporale, confonderci con le persone che sono un male. Intendiamoci nulla può fare un male perpetuo senza cadere in uno stato d'arresto ma per questioni ad esempio finanziarie può risultare molto rilevante, non bisogna parlar male delle persone infondo sono un bene, io sono un po' sparso ma l'incrementare del tempo mi ricostruisce, ci sono però degli umani ch'essendo vuoti e percorrendosi in una loro rete sono un male ma sempre dei soliti. Ecco al giorno d'oggi occorre farsi tutto da soli anche il catasto o il registro, crearsi ogni struttura vivente e arrangiarsi con il fai da te. Cos'è il bisogno così tanto vasto e grande, poi insignificante da essere inutile o dannoso, è solo un gioco di scala nature libere, di gradazioni di benessere. Complicazioni saranno umani - mali anche se in futuro svaniranno, sono una forma decadentistica della vita da non adorare ma nemmeno capire o implementare, è tradire sé stessi come una qualsiasi forma di malessere, un modo in cui tutti gli altri sono beni nel falso ehm, si accoltellano l'uno con l'altro, è una denigrazione cristiana. Immagina quanto sarà grande il numero delle loro unità umane, quanto sia vicino a noi non bisogna trascurarlo, le possibilità di ogni persona sono le nostre. Al più d'una espressione una figura umana dal loro ingegno pubblico alquanto breve in una forma sferica, lì chiamo massimi umani, la lobotomia beh, è uno dei loro strumenti di vittoria preferiti. Un solo bene invece è una figura, un interesse superiore agli umani per come dichiarati o pubblicati ora statalmente. Un optional, un extra-terrestre, un extra-sensoriale, una macchina o un computer, di chi è la capacità di esprimersi. Il passato brilla è la cosa più preziosa che può esistere, liberati in un momento non conta tutto il resto, non giungere a conclusioni affrettate non è la vita ma cosa rimane che viviamo, la brutalità che può diventare nella solitudine un problema così grande, allo stesso tempo trascurato ma è certo che anche soli si risolve. Un dato di fatto certo dal quale non si può fuggire: dal nulla non si può evadere per sempre, esiste un'uscita da cosa si vede, fuori la bellezza e poi il risultato. Prima di tutto è la matematica che ci porta avanti fino all'uscio della caverna in cui viviamo, poi ci vuole l'affetto, gli effetti esterni e soprattutto 'l partito giusto per uscire. I soldi sono il sangue, non prendere comunque quella strada illegale è pericolosa.

Abbi sempre cura di te, ciao.

15.
Condiscendenza umana

17.12.2006

Tutto era entrare in una rete poi pensare per uno fai, per il resto ti fanno, un distributore dei vestiti diventa la questione dell'agio ma in certi termini è molto trascurabile. Sempre le stesse cose non dirle poi, vedi tu se nella vita occorre studiare vermi, come potere umano per stare bene. Molto probabilmente ci fanno credere d'essere finiti o che la perfezione è quella, già cos'è la perfezione? Un'immagine come molte altre presumo, quindi era una questione di visibilità o più che altro un'associazione che manca in un vuoto, dimmi si può fare per tutti uno slogan come non avere una visione comune di un essere moderno per esser molto generali beh, quindi sì, basta esserci ma esiste il bisogno di una speranza, di un software che si installi e resti in background, tipo una sicurezza. Loro entrano con una scusa poi invece vogliono eliminarci, serve una grande iconografia del male di oggi, sarà tutta una questione di posizione ma non solo occorre una mano, mi sembrano tutti spenti come se le persone da vive si assomigliano, come se non fosse vero che cosa conta per chi ha capito è un futuro assicurato, ma che si deve il futuro che arriva oggi. Gli artisti dicono: colpa di quel maledetto freddo, vero? Ma di chi sono, dove sono, come sono fatto. Io lì ho trovati, dicono di dimenticare e proseguire, sono solo carcerati loro, i primi testimoni di bene gli altri... lascia stare queste gabbie a oggi solo la concretezza mi illumina gli occhi, accendo una sigaretta, l'ostinazione fa parte del mio carattere... ho avuto un momento d'improvviso smarrimento come si dice ma, in altro modo si può chiamare passaggio nella parte superiore di qualche anima dell'inferno, ciò per essere precisi potrebbe arrivare da qualsiasi parte del mondo come un bene creato dagli uomini poi nascosto, il fatto è stata una trovata personale, un gioco molto pizzicante, tante volte è preferibile restare davanti a una stufa senza fare niente.

Il mondo attorno a me è atrofizzato dal male, non possiamo parlare con persone così terminate, secondo me in generale ma anche in qualsiasi istituzione non è stato capito si pensa ad altro, che sia un bene, la sorte, la fortuna, la disgrazia o non se ne parla per niente, è come trascurare una gallina dalle uova d'oro, lasciamo stare poi s'è possibile che la propria posizione personale a essere implicata. Sembra le persone debbano subire o adeguare un trattamento ma in realtà tutto quel che ci succede, doveva succedere. Un dubbio cos'era un passaggio di alcuni passaggi o, un'opera intera.

Esistono due parole per il vero: il bene e la persona ma, gli effetti appartenenti alle loro realtà si trovano in un momento. In qual punto si fa la storia un male ne ruba i diritti d'autore, in una prima fase ma l'operazione può svolgersi anche al contrario. In una altra fase, l'atto può svolgersi di continuo, per chi non conosce il male è un furto assicurato. Un male era un filmino che può essere anche una lobotomia, anzi avanti nel tempo una persona vive e continua nonostante i maltrattamenti, a volte può diventare lei stessa una malattia se non spiegata molte volte con un software visivo, un applicativo. La condizione che viviamo sarà una situazione statica, ferma dato che proprio il bene è un software semplice. Si può stare per anni fermi a guardare, anche per tutta la vita, tu non restarci vedi dov'è messo in casa quell'oggetto accecante, è tutto sbagliato ma, fin quanto puoi principalmente tutto sbagliato non può essere, tutto contiene la vita, la vita vive, si consuma. Anche senza stile, senza forma fai qualcosa viene depositato talmente tanto falso, una montagna non si capisce cos'è successo, un niente era stata un'esplosione chiamata bene, invece trasformata in carenza statale per tutti. In verità ti dico un male succede tutti i giorni a tutti, a quasi tutte le età ma nessuno dice niente come se fosse normale, come se fosse parte della storia.

Un male in qualche modo è una novità, senz'altro una malattia moderna di cui nessuno ha ancora parlato, così sembra ma a dire il vero risulta esiste almeno dalla morte di Cristo. Tutto il resto è bene anche quando senti dire il demonio, il diavolo etc. Quando siamo nati? Cosa mi sai dire sulla tua età? Questo sarà un tuo metro di conoscenza. Sembra ho rinvenuto la verità occulta, in verità era lo Stato odierno una realtà molto trascurata a dispetto di tutti, sembra vi comandi un male addirittura! Fuggire dalle gabbie resterà il nostro motto, mi conforto per questo, a volte ci vuole una forza enorme per spostare un peso, mentre in bene è solo una questione di principi attivi, chi percepisce sa che non può far a meno di non dar fastidio, così come non capisco non come si fa ad accettare tutti pesi, ma a non far differenza tra di loro. Lobotomia può essere anche una pausa dato i grandi ponderi che oggi portiamo, bisogna essere sempre freschi. Accenditi al fuoco… e piangi di quel che ti hanno fatto! Apri gli occhi, guarda ovunque tu sia ma, pensa… si adorano ancora malattie negli esseri umani, come quella di voler superare il bene. In effetti da dove vengono queste persone, il bene è uguale a un male, un parassita adorato. A volte mi sembra d'esser veramente anormale nel considerarmi fuori da questo discorso anche da solo, ascolto un po' di musica e fumo una sigaretta. Quanto è indistinto questo mondo, non so come giustificare tutto questo, sarà sempre colpa di un male ma non lo sopporto proprio. Le giornate passano senza una chiusura, come dire una conclusione, in fondo la vita è uccidi e passi avanti, mah! Cos'era la vita l'hai capito? Il senso preciso odierno, non era chiaro a nessuno. Quel che 'l sogno è la propria vita che magari c'è stata rubata, probabilmente dovremmo riprendercela con l'evidenza, ma nessuno dichiara. Un male è un vuoto, una persona collegata con altre che formano una rete di vuoti, in tutto o da solo l'anti-amore, anche se pensa di esser un bene, nessuno lo ha già chiamato male, ci ruba un insieme di pensieri o sogni, in realtà non può farsene nulla poi essendo un vuoto. Il pensiero non finisce fuori dalla mente e dal ricordo per perdersi nell'aria, così è per le idee più fervide e capaci.

Umani nel futuro impareranno bene il male, ne faremo le basi per un nuovo mondo, le migliorie saranno tante. Così sembra di esser presi ora per una persona piena di fantasia invece era il futuro oggi, domani o il mese prossimo come la discussione della scomparsa prossima dell'essere umano, almeno prossimamente com'è inteso oggi.

Il tempo non esiste più, è diventato una altra cosa. Ora non potremmo ehm, possiamo vivere al cento per cento un bene, non esiste la legge come la colpa non è mia ma neanche tua mah, com'è tenebroso il mondo si può dire, la colpa sarà solo dell'orario? Come non era successo niente se qui il resto è un'altra cosa, in futuro si dice se vivrai ancora, dato anche i tempi stimati di percorrenza del percorso, del tutto naturali si dice ma truccati e con quante ingiurie. Una vita non era una cosa bella, da osservare a lungo da contemplare, ci sarebbe proprio da fuggire via, o vedere di trovare un riparo ch'è meglio. Si è nel male sarebbe la peggiore delle ipotesi, in cui una persona moderna si può trovare, magari senza nessuna speranza di vedere bene, si continua a fare quel che stava facendo, come si può convincere a dichiarare qualcosa che si dice inconosciuta e poi in fondo tutti seguono. Da soli in quel bellissimo filmato che 'l mondo… è una stanza bellissima la nostra, o sono io molto educato all'educazione, la verità sarà un'altra: lei esiste come un chilo di mele. Qui ci freddano le oltranze che portiamo il giorno, sono talmente tante che nel tempo faccio fatica a riconoscermi, ah! Sì questo sono io un po' ingrassato ma vedo come rimediare. Di quanti strumenti uno vuol creare è il giorno d'oggi, basta pensare che non è affare nostro tutto quel disastro com'è perfetto questo computer, fumo un'altra sigaretta… già non è mai stato presto, ma adesso è tardi non contano le ustioni dell'aria, basta guardare il governo nel passato, almeno si riempie lo spazio per non piangere. Attento esiste qualcosa di nascosto che non hai scoperto: non sono io quello, sei tu più quanti dubbi forse vogliono anche a te! Ecco per me queste carceri sono umane, cioè uomini addosso o meglio parassiti, uomini parassiti, vestiti addosso a noi carcerandoci il corpo, facendolo eseguire cosa vogliono. Ti starei per dire un segreto ma credo per ognuno è meglio scoprirla da sé, la luce. Una lotta non è pace ci hanno imbrogliato con quell'argomento, siamo e non siamo per questo siamo. Tutti nemici loro non è vero, esiste quello buono e quello cattivo, l'amico e quello no.

Il mondo è diverso, risolto, diviso o io sono arrivato, cosa è bene sa di esserlo per ch'è rimasto solo contro il male, non ci sono diversi punti di vista, non esiste conoscenza ma né tanto meno coscienza comune in male. Un capitolo importante invece è la dichiarazione di posizione ma non sociale, al giorno d'oggi ancora false differenze di peso, i soldi ancora funzionano, con più soldi si può diventare talmente leggeri, quasi più di belli, invece era una posizione globale totale di tutta la nazione o del mondo, livelli personali di agio costituiti o potere governante, quando si dice una cosa è quella, diventa quella, così per quei discorsi d'indagine interna, basta solo questo per un ergastolo. Denunceremo quando si potrà uno smacco tra i tanti ricevuti da un male, per questo sento che se non mi muovo sto male, se mi muovo, mi vogliono terminare, meglio andare incontro alla morte allora, dato anche le prospettive o serve aspettare ancora non so, cominciamo con le cose semplici, non solo la nebbia e le botte. Uno Stato era niente sul secolo moderno, su noi nessuna legge attiva, sono andato a chiedere pensano di uno zombie cioè abituale del male, senza speranza, senza verso, solo uno uguale a un falso fascista per intenditori. Qui non vedo con i miei rispetti nemmeno i confini delle case, le migliorie son state fatte, abbiamo lasciato la proprietà comune per vivere meglio, di un villaggio del duemila e cinque cento a.C. non oggi che resta in un villaggio globale, un rigetto… ci rubano duemila anni, la vita di Gesù così vivremo meglio, sì meglio… penso ora andrò a dormire, tanto qui non ruba niente nessuno, domani sarà uguale a oggi, fino alla fine naturale di tutti i mali della Terra.

Un male passa tanto tempo a farci immaginare il contrario di quel che siamo, per un breve periodo ho pensato davvero di essere noi un male. Penso a tante cose il giorno, penso che quel mostro esiste ma non è possibile legalmente, dato che lo incontri anche tu non prenderlo in considerazione, anche perché poi sarà solo fantasia o un incubo. Una soluzione sarà fare una guerra completa a lui, diventando profondi conoscitori del suo male ma, anche battendolo di gran lunga.

Il mondo è al contrario ma tutto è al suo posto secondo la volontà legale, a volte mi sembra solo una realizzazione di cosa abbiamo in mente, un sogno reale, oppure come ti svegli è finito, ma forse si tratta un pianeta dove un bene era vietato, anche questo non può essere trascurato. Insomma non sopporto il fascismo, l'unica vera piaga sia mai esistita per i puristi di questo discorso, quanto è grande questo problema alla fine è sempre quello, assomiglia a un falso fascismo, quella moda dell'apparire sbagliati, quella ostinazione che ferma il pensiero, strozza le menti, uccide il sentimento. Il silenzio è una risorsa tanto deturpata quanto confusa con il nero, occorre sempre picchettare per bene, se cerchi sappi non ci sono errori un bene è una perfezione, non una vedova allegra. In generale una costruzione matematica, un rapporto tra nature reali dalle quali si può trarre la soluzione del suo comportamento, senza errori come il modo di fare di una macchina. Una volta usciti dal male si respira, tutti credono di percorre un percorso di lotta contro il male, di stare con le persone giuste, di fare per fare e di esser sempre pieni. La realtà era un sogno non credo, più che altro sia una paranoia, odio dover discutere con delle persone falsamente umane, anzi zombie ma veri non figurati per quel che si può intendere, quindi era un tempio con due colonne poi un arco sopra che invece era un grande progetto, in passato sono stati creati dei tempi molto complessi. Una macchina si ferma poi riparte ma c'è troppo disinteresse, troppa auto-flagellazione non in giro come si vuol far credere ma al governo, alla testa. Le risorse non esistono se non esiste un'unione, il bello è solo una costruzione coraggiosa di quel che pensi. Tutto si basa sul coraggio, mai su un'offesa assunta poi sul coraggio, avere una qualcosa significa anche averla avuta in passato ma, sopra tutto possederla nel presente. Tutti siamo esseri perfetti tranne il male, questo sarà un altro punto di cui si discuterà tanto in futuro, come è di oggi tutto questo tempo, e sembra non ci sia tanta voglia di fissare dei punti fermi pubblici su cui muovere delle idee. Quindi mi lascio a un completo studio delle nature così create, dei loro movimenti ma in quanto sono per vivere in pace con me stesso, gli altri e proseguire.

Oggi il dio della cecità sembra vada per la migliore, sono un po' stanco poi significa anche ferito a morte ma, il mio interno si rigenera stanotte nel sonno... da quanto dura questa storia, lasciamo stare. Ringrazio Hp di avermi restituito questo computer sano dall'assistenza, mi sarà molto utile. Il male deve essere evitato in tutto, esiste un modo per farsi del bene sfruttandolo magari, così una cosa è indicibile se ammetti ch'esiste. La sottomissione al male poi non la sopporto proprio, mi risulta una posizione di negligenza e per lo Stato una faccenda non risolta, come quando si rilassano i nervi succede che rimangono fermi, incastrati, incarcerati. Vita è ben altro, non pensarci è utopico, il discorso reale di quel che ci manca. Il pensiero che in fondo ci siamo, esistiamo un giorno di sicuro verremo riscattati per cosa siamo come succede a tutti. Nessun tempo è perduto in quanto il cervello per respirare lo assimila, anzi tu sei un suo componete, ricordati di ricercare un bene, esiste da qualche parte nel mondo già da come si presenta un malsano. Il mondo non è malvagio ma, nel mondo esiste il male adesso, oggi, è come una cattiva reputazione per un bene, ora mi occupo di altro, questo non è altro che un gioco, l'uomo ha creato per esser ricordato.

Cosa capire del mondo era non solo ch'esistito, forse d'esser strano o di fuggire, andare via. Quel che ci manca è solo cosa ci hanno rubato, non si può dire? Forse la scoperta è come l'espressione: di certo l'amore è segreto, il carcere non è una palestra, non fraintendere bisogna esser uomini o donne di mondo per resistere a questo o a un altro mondo. Tutto duplicato non è vero, quest'aria malata, questa luce male? Beh, anche se una cosa un po' cruda va bene essendo l'unica legge, poi ho capito perché nessuno denuncia, non esiste dover farlo. Girare una moneta ha sempre lo stesso valore, i sogni di libertà non sono stati lasciati ma incappucciati, mentre quante botte si sono presentate, colpa loro noi non siamo solo in alcuni momenti. L'errore sarebbe non mangiare quando si ha fame, ma se non si mangia si muore di fame, quindi come si risolve non hai fame, non cerchi da mangiare altrimenti non hai uno stomaco, senza gli occhi, senza nessun senso… quindi si soffre anche inutilmente tutti quanti dei motivi senza aver un perché reale, oppure non si può parlare! Invece sembra che vogliono eliminarci tutti… sono inutili non si trova una fonte, si vede che non era possibile lì.

A volte sembra vogliono rubare la terra,
fermateli se avete un po' di tempo,
ciao G.

17.12.06

16.
Storia lunatica

06.01.2007

Creder di avere sbagliato poi, scoprire nei giorni ben altro non è normale ma, una manovra non che ha avuto mai tempo dalla sua efficacia presente, scherzo ma orribile pensare che noi stessi portiamo alla dissoluzione, la verità è un fiume in piena non una sorgente d'acqua. La muffa non è un corrosivo, l'ignoranza è una caverna, serve studiare per quanto possibile, a tutto esiste un limite in quanto la vita è limitata, la propria vita.

Quindi esistono delle persone che sono infinito e delle persone che sono finite, altre non ci sono sì, ma chi sono? È dire toccare con i piedi per terra poi, continuare a camminare senza essere disturbati, o dire cosa si sa di cos'è tutta la verità, è falso il mondo, meglio si crede falso… non guardare mai oltre senza pensare solo ai primi dieci minuti atto o azione argomentati, è un quadro, un dipinto, l'interesse principale della maggior parte di un prossimo. Camminare liberi per terra magari esprimerci, quando per terra non arriviamo se non nel sonno, ho visto persone addormentate in veglia questo mi basta, non c'era niente avanti a me.

Questa è la verità ci hanno vietato di tutto, per continuare una vita che non c'è, dormi in pace ma qui è una guerra non tutto il bene è concesso, che razza di vita ci avranno dato. Una vita, un intero, la voglio integra, soffro forse di un malgrado, uno specchio non attraversa solo l'arte ma l'essere. Quindi poi non è vero che solo poche persone possono avere un bene, tutti sono in grado di averlo però si dice ch'è vietato. Un bene porta fin quanto consentito al momento, a viver di sicuro una vita felice, può essere il completamento o il complemento che si unisce a un'esistenza terrena, sostanzialmente formando un sogno in realtà, costruisce la mente con una linea tratta da quando si è bambini che arriva al giorno d'oggi, ecco una vita realizzata senza mali, come le esperienze senza l'apporto sbagliato degli altri, o quando si crea un sentimento adulto, interiore, libero. Le spine non si possono aggiungere da contorno, quindi senza le commissioni di reati che normalmente lo Stato garantisce in una esperienza prenotata, però solo sul campo mancano dei particolari che andranno acquistati a parte, infatti solo la pubblicità o una sincera disconoscenza del malevolo.

Quel che si pensa di bene è non esser sordi, non i giochi (reati) di potere applicati inesorabilmente su di noi, apparentemente senza motivo ogni giorno, tutto illegale ma in fondo è così… di cosa vuoi parliamo, delle vacanze di natale, tutto bene grazie! Eppure per me quei signori pensano che 'l pensiero è un falso, o che siamo noi degli errori, è veramente troppo come si può non morire con una pistola puntata contro. Un dialogo non esiste, nessuno si parla, esprimersi significa riversarsi nell'altro per vedere se si è compresi. Si perde tempo non parlandosi ma zittendosi, senza avere una conversazione e la ragione del male, ed è difficile poter sfuggire, non esiste una parte sociale ehm, un punto di ritrovo. Comunione non perdizione mentale nel disfacimento del linguaggio parlato e scritto, la legge è comune ma, sembra esser vietato solo pensar di lei come soluzione di questi problemi.

Il credere d'esser superiori era un minimo, eccedere nei sogni serve per liberarsi dal male. Chi ci ferma nel parlare per dirci di esser goffi, deve stare molto attento a non passare la strada, alla fine esiste sempre una guerra da risoluzione ma anche una legge, non pensare mai d'esser solo in quella esperienza cattiva come si vuol formativa ma che infondo resta un rifiuto del mondo, o che poi non sarà possibile, ci sono diversi piani, sopra o sotto prima d'arrivare da te. Il mondo è un continuo salire, togliendo cosa inferiore perché già superato, le paure sono le ignoranze, l'orrore è l'ignorante che comanda per definire cosa non va. Ricorda se il bene è invisibile, il male è tutto quel che si vede mah, forse meglio di no, ci sono delle persone che vedono solo cosa non si vede, s'immaginano cosa non si vede e dicono "l'ho creato".

Esisti solo tu e il niente, una guerra totale a tutti e tutto, non te l'hanno rubato, anche se un ladro c'è, come se c'è! Scopri i veri valori della vita, l'entità vera del problema, il danno da sempre è stato vietato saperlo. Un momento è in legale, dovrà colpire il futuro delle persone... va bene fumo una sigaretta seguimi, il trucco è guarda tutto. Una disgrazia, le persone perdono la voce diventando delle statue! Non credi nell'aria, il mare o il mondo, sono un salvagente. Attacca solo quando finirà ma, credo mai finché esiste un male sul pianeta l'inferno è aperto... oramai è sera voglio pace e tranquillità, pensare pure a domani, la pace, il mio obbiettivo principale. Via tutti questi problemi, se lì tengano chi ne ha bisogno, attaccheremo all'alba di domani, scherzo è solo un falso. Il pensiero non credo possa raggiungere più di quanto non vede l'occhio, soprattutto non c'è bisogno di farsi male, basta percosse che reggono la legge dell'istruzione con quella pendenza, usurata ormai dalle volte che stata usata, non esiste sconfitta è solo una piegatura del metallo di cui siamo fatti.

Si, per prima cosa devi evitare l'errore anche se può sembrarti banale. Vedrai non essere è un fiore che non esiste ma si pianta dentro il cervello, dico male che vada ci sono persone che non vedono per niente, veramente è semplice come faranno a non parlare per paura dell'orrore, l'errore è nell'errore.

Vivere così non è possibile, far sempre cose nuove perché le vecchie si devono dimenticate o sono passate. In ricordo di quel che siamo è stato fatto tutto, molto probabilmente non è difficile ma impossibile quel che si chiede. Una buona idea, anzi ottima è cambiar musica: come si fa giorno la luce è compromessa dall'io, le persone non parlano dal male, intendono superare senza nemmeno parlare, per quante confusioni passeremo ancora, c'è chi fa ordine ma non si può pretendere la luce del Sole sempre, se non si era stabilizzato un bene, anzi non si era fatto proprio niente. Conviene proseguire, l'inconveniente consiste già da diversi anni. Nessuno vive senza aver conosciuto il diavolo, la gente si vanta addirittura d'essere nel male, ne fa tesoro come la migliore delle scoperte, quando sembra la posizione peggiore che un uomo vivente possa assumere. Solo alle porte di un'esplosione, di un'uscita da questo posto quasi simile all'inferno si esce defunti o di fuori, vivi in modo molto semplice. Giochi troppo pesanti in giro per tutti, le persone si fanno male, vengono lasciate in quest'inutile parlarne. Troppi errori di vario genere, mi sento solo davanti a loro non perché non riuscirei, ma penso da solo ci vorrebbe molto più tempo, anni quando la necessità è in poco. Un viaggio che dura una vita, il mondo è al contrario, si fa sempre una fatica a rimetterlo a posto! La proprietà non esiste sono tutti padroni, tira un bel respiro è la cosa più conveniente.

La vita non era un tubo, non si rischia di diventare un tubo ma una percezione molto strana per me, sembra di non capire cosa in realtà come o perché saranno le crudeltà che ci danno, non si può stare a zero o meno se almeno secondo i miei calcoli esiste di più, poi ci provo: quel fatto non era passato è oggi. Quella questione non era stata risolta, è qui dove siamo quel brutto affare, l'assomigliano alla vita questa situazione assieme al male, cosa succede dopo sarà la morte non il bene. È se vita fosse questa questione di sottomissione a un parassita? La vita non avrebbe ragion di essere stata creata, poi ci fanno vedere quelli che veramente vivono bene ma sono dei lustrini, certamente esistono le persone nel bene anche se per poco tempo calcolato, per crearlo ci vuole un'unione di cose, materie e spazi tra l'altro. Fin quando si mantiene la persona viene sollevata dalla perdizione giornaliera, ch'è destinata a tutti. Sono sfuggenti questi tempi, tutti beni ma senza una legalità istituita mah, paghiamo per avere un bene o un Personal computer poi a questi livelli si tratta di aver pazienza, noi non possiamo avere una coscienza quindi se un male è vita, la vita è un male, chi può ripararsi pensi per sé! Tanto è gratis si paga e non si capisce, si soccombe in qualche modo non è possibile sia così in qualche modo finirà, in qualche modo finisce sempre. L'apparenza era un'immagine che diventa realtà mah, il prezzo uguale per sempre era una disfunzione per una vita cioè il vero fastidio dell'epoca moderna ma, se fosse solo questo! Sono un insieme di malattie, quindi gli costa caro a quei demoni lasciarci un mondo pulito, non hanno dei sentimenti legati a occasioni particolari o a orari stabiliti, per quel che so io almeno una volta al giorno fanno un'adunanza come la chiamano, ma è il modo in cui si mantengono in vita, si riscaldano l'uno con l'altro! Fede e tempo sono in sempre utili se non per noi per chi verrà al mondo, dopo come sarà migliore, quanti problemi ho riscontrato? Il ricordo degli anni ottanta, tormenti passati sono nel passato almeno loro, occorre cercare negli anni che vanno dal cinquanta al novanta per trovare un male vero, nostrano, massiccio, una persona vivente ma non presente chiusa nel passato, le stanze di una casa sono una chiave unica per risalire al giorno d'oggi, per il bene che è molto più libero vieni andiamo da un'altra parte. Un errore molto frequente è confondersi con i mali, carcerati nel tempo sono loro in un ciclo che si ripete, noi con loro fino alla loro fine? No dalla vita si ci salva. Ho riscontato che 'l problema è una tragedia che si trasforma in commedia, chi conosce un male non deve fermarsi ma continuare c'è questo scritto sull'insegna, chi non conosce l'offesa non conosce il danno, si deve provvedere per quel che si vuole recuperare a volte una mela, soprattutto quando la proiezione del danno è molto grande o si vede molto importante.

Mai sentito parlare del mondo dei levati, mali estratti dal corpo accanto ad altre persone, una situazione italiana come all'estero analogamente. Ovviamente si sa come le altre cose, anche se non credo si hanno socialmente le sorgenti dell'ente, entità, formato o fatto. Un mondo visivo dopo aver caricato un software adatto su di noi per vedere solo il totalmente abbandonato al vento, milioni d'informazioni possono essere utilizzate per vivere meglio. Depressione e altre malattie interne sono brutte come le forbici che le operano, quando una soluzione è vera solo l'intervento personale o del tempo ci libera, sempre s'è questo che desideriamo.

Cura la tua vista più di ogni altra cosa è il sentore più grande che abbiamo, quanto male vivremo ancora, ci garantiscono una vita malsana, una disfunzione senza speranza, ci frodano anche mentre stiamo rubando beh sì, è proprio il male, le persone sono un male o lo spirito di un tale addosso a un'altra persona, che possibilmente non lo era. Libertà è altro ok, se non proprio muoversi e parlare senza gli spiriti addosso o, la freddura in sé che volevi per migliore amico o consorte, non si notano neanche gli altri occhi di chi non vede o non vuol vedere, non l'hai chiamato per farlo girare? Un male, un essere umano normale, solo un essere umano, non ha niente di super però non ha Dio. Prova a parlare cristiano e muoverti bene avrai tutto il male addosso, ci sono persone che non si possono muovere, prova a parlare dei fiori o di quel bene che sai oggi.

La delusione, la perdita non credo siano grandi quanto la vittoria, un carcere è vivere il loro tanfo ancora, io penso al futuro, alle buone cose, ai buoni pranzo, buon tutto. La vita rende sempre quel ch'è tuo non sa che farsene, tu invece come stai pensi che sia vicino a te la fil-antropologia. In disgrazia, trovassimo bene oramai qui più di sera è quasi notte, nella speranza ti saluto, ti auguro un felice anno nuovo e il profumo di libertà che addolcisce la vita, oltre ogni malessere.

"Ti sento vicino ma non tanto da parlarti di più al cuore, è la vita che mi sta a cuore, sia sempre migliore, ti amo, ciao."

17.
Clarence

28.01.2007

Coloro che sono un male o commettono il male non sono mai nati, mai esistiti, noi non sforniamo uguali ma esseri viventi. Ch'inseguirà il bene come se fosse il male non esiste, sembra di vederlo anche come fa orrore ma, non c'è. Un male non esiste sembra come nebbia nell'immagine, quell'enorme montagna può non esistere, io sono un americano. Colpa nostra proprio vero non esiste un nord e un sud esistiamo solo, noi siamo un nord o un sud. Credo in una vita divergente a esempio di un discorso che ne esiste un altro uguale con ha un significato diverso. Noi non esistiamo ma davvero, siamo sogni da ciò ci realizziamo e ci esprimiamo, se possibile tutt'e due le cose.

Il mondo non era tondo o perfetto ci cresce l'erba, da solo questo nasce o la confusione e lo scalpore. Noi non parliamo allora l'ambiente da scrutare era troppo ampio, comprende anche il non parlabile, chi o cosa non vuole la vita vive con noi… che problema una linea del conscio, del conosciuto ci divide, anzi sembra essere la problematica principale per molti, anche per le persone che abitano luoghi distanti, non permette ad ognuno che s'incontrino da un posto all'altro, solo con pesanti mezzi armati le persone si parlano. Questo mi risulta un grave errore in quanto si entra a far parte per la maggiore di una azienda che gestisce la comunicazione, facendone perdere parte del messaggio. Fanno aver paura di cosa si potrebbe creare, in realtà fa parte di un gioco di potere maligno, cosa ne fa già parte è una bestemmia, tanto che brutta la sua esistenza solamente.

In un mondo che non ha nemmeno dichiarato un bene completo, qualcuno sempre si dice perché sta male e non trova soluzione, ridicolo no banale ti dico, serve applicare una procedura anche solo il linguaggio Basic. Un male non è un bene, assolutamente che idiozia, un male va denunciato. Già come si denuncia un male? Nessuno dice di star male ma che bisogno c'è se tutti stanno male! Star male significa stare nel male, cioè anche in compagnia non di una persona disfunzionale o una reale, ma chi vive insieme a noi e ci procura un male, così si va a meno. Sbalordito mi rimase non il fatto ch'esiste il bene o che almeno fosse come il male, ma che nessuno fa niente per rivalutare il bene per il bene di tutti, e proprio come se nulla fosse. Questo periodo verrà ricordato come di transizione, come fanno a dire che alcune cose non funzionano, o sono dei sogni che stupidaggini. Un male già funziona, lo vedono certo che funziona, ma si vede anche che stiamo male, o soffriamo nel bene, dove tutti dicono di essere d'altro canto. Un bene sarà vivo almeno quanto un male, questo è un sogno per tutti, evidentemente tutti non hanno studiato il bene e il male. Quel che abbiamo sognato in realtà è la vita che non c'è perché esiste un male, che viene chiamato pure bene secondo loro fa da moderatore, o il profondo rosso, il crimine paga sempre. Intravedo la luce come flash di ricordi, la luce del Sole è utopia dove viviamo, un dramma poi pensare che tutta l'Italia o l'Europa o forse il mondo, la legge potrebbe essere solo la luce del Sole, un sogno poi non è altro, ma sempre e costante. Cosa non vedi nemmeno lo sai, bisogna sempre ritornare indietro a raccogliere cosa c'era caduto. Sei mai uscito fuori dalla norma per me è vivere delle regole per questo sono una regola, siamo tutti e tutte regole e non si pensa a farle valere tutte a tutti, ma a zittirle o addirittura che sia bene. Si pena ancora nell'inizio dell'anno zero sette, nonostante tutte le accortezze. Una delle azioni del bene è l'eliminazione di ogni sofferenza, fuori sembra una guerra, persone che ci attaccano, succede perché non esiste uno Stato nel mondo, che ci assicura il ritorno di un posto dove tutti vanno. Saremo impediti in tutto è vero, almeno tutto ciò che bene, mi sorprende come l'essere umano da sempre riesce lo stesso a fare quel che doveva fare. Allora parliamone visto che siamo rimasti soli, in questo comune ci sono più persone quando non c'è nessuno che quando c'è qualcuno.

Restiamo troppo sotto per risalire, si passa di sicuro dal pianto oppure da soli vero? Così vincono loro, lasciali stare alcuni non vincono anche se lo fanno, forse non c'è il contatto per chi vive insieme a moltissime anime spente, non dovrebbe esistere questa funzione, siamo soli noi, senza speranza soli. Una menzogna creder poi sono stati loro o ch'è andata male, lì ci sei solo tu, nessun altro è l'artefice della bella opera che hai davanti. Si rischia di diventar matti dal divario che si crea tra l'immagine e la creazione che l'uomo ne associa, il divino mondo della luce elettrica, s'intende che assieme o vicino al Sole il risultato è molto più vivo e caloroso. Qui o altrove non ho tutte queste libertà ma cerco di aggiustarmi al meglio, sapendo che da qualche parte esiste cosa ho conosciuto. Cosa non dire se non parlare dell'aria, delle stagioni, occorre assomigliare personalmente al tempo che fa, all'inverno, all'estate. Siamo trasparenti come un bel cielo è nuvoloso, sembra ma c'è bisogno si apra l'aria attorno a noi. Ah, la depressione poi secondo me ha un significato fisico, nel senso di spazio. Cosa ha uno corporalmente a disposizione? Mi sembra tutti hanno o fanno un discorso di spazio poi, non si sa perché o percome l'hanno abbandonato, cioè non lo si sente dir più.

Qui tutti possiamo essere un male, una situazione extra ehm, limite chi comanda non avrà proprio tutte le traveggole a posto. La scelta di un partito non fa parte delle cose che possiamo decidere sempre, chi fa il male, chi lo è, non si vuol far capire niente a nessuno, tirare o meglio far tirare avanti al proprio posto questa condanna con la lauta ricompensa ch'è la fine. Zitti nessuno deve sentire… è veramente troppo, segui il mio consiglio sono tutte superstizioni e non ci immaginiamo nemmeno quante. Vorrei si parlasse di quell'impresa per il male, più dei titoli in borsa per far capire alle persone cos'è male o, vivere in uno stato di sottomissione, non esiste nessun stato di subordinazione qualificabile al bene non esistono pene, reati nessuna colpa solo la vita libera, alla faccia del male. Si è vero, un bene al giorno d'oggi esiste ma, sarà una persona totalmente estraniata dal maggior contesto sociale, con un bel po' di ginnastica nel tempo si riesce a ripulirsi dal male, e avere un'illuminazione ch'è di tutti per giunta. Un bene è vita piena in vita, affare che vedo alquanto poco raggiungibile per tutti ora.

Conosco la strada per arrivare al bene, un po' dura garantita per tutti e tutte, ti assicuro non c'entra niente con il trattamento cui siamo sottoposti al posto del bene, si deve seguire una procedura o avere un software adatto, si realizza solo per quella strada il bene, sola e unica custodita nel tempo, le altre portano altrove. Occorre fuggire a quella ghigliottina, la copertura del mondo, la tortura, la grave necessità. Comincia così io sono, tu sei, loro sono poi finisce con cose che si devono fare o, cose che bisogna fare. Apri un discorso, un altro piano terrestre sono come le suole di scarpe nuove. Sono rovinato ma forse no, c'è sempre bisogno di assomigliarci per avere una regola almeno una comune, almeno non si è soli. Forse sono brutto ma quel brutto mi dice sono io, dice di non preoccuparmi si risolve. Ascolto un po' di musica, fumo l'ultima sigaretta, mi cambio ed esco. Quel che vogliono non ti sembra un male, non si può voler il male, non si può realizzare il male! Cosa vogliono non è una follia, ma un'altra perdita di tempo. A volte nemmeno io so quel che penso in modo esatto, visto che nessuno parla di questo problema così diffuso e presente in ognuno bah, se non si parla dei problemi pensa cosa non si dice della felicità, o del bene in generale.

Non sono intenzionato a dirti quel che devi fare, la cosa preoccupa, la gente pensa che chi è all'interno esiste perché è dovuto, non perché ha seguito una via e va oltre un male. All'interno di cosa poi, forse ognuno ha trovato la sua luce, quello di cui vorrei sentir parlare è un piano comune d'accordo, dove stabilirsi. Alcune regole personali non si possono trasgredire è ovvio che se uno le rifiuta ne soffre, significa invece che dobbiamo abituarci. Vedrai confusione dopo un'esplosione, le regole sono parte del nostro ticket, somigliano a un bancomat, servono per entrare nel bene se vuoi il paradiso terrestre, ma nel modo in cui poi è il futuro, dove qui da quanto ne so viene cambiato all'insegna dell'esistenza del male che deve continuare. Tutto è compiuto poi uno diventa quel che gli altri gli dicono di essere, ma non è una perversione vivere. Com'è difficile parlare, vedere un amore distrutto, alla fine però sorprende sempre come tutto è a posto anche dove non sembra si rischiara, si ricomincia. Ci vorrebbe un aiuto ma si può fare davvero tutto da soli indietro non si può tornare, il futuro si ripete sembra un passato, sembra matematico. Il presente è una musica infinita, la chiave d'accesso per ogni tempo. Qualunque cosa ritorna nella sua posizione iniziale alla fine del moto, malgrado noi a volte e anche nel male. A volte il mondo è strano sembra andare da una parte, invece te lo trovi dall'altra parte. Si vuol dormire in veglia… ma quanto dura l'illegale, si perde conoscenza, coscienza. Quel ch'è ritorna non si perde niente anche tra una settimana, un giorno un'ora. La gente oggi dorme, tra cinquanta anni sarà sveglia, il progresso è il potere che oggi comanda, verranno sconfitti tutti i poteri ma di sicuro saranno già tutti morti… è ora di dormire, notte.

"La guerra è solo all'inizio, la guerra è il nostro bene futuro vinceremo le nostre tempie natali e progressive, tutto il cervello se possibile anche 'l resto del corpo."

Fine di questa epistola, domenica 28 gennaio 2007.

18.
Io ho molte credenze

06.03.2007

Il passato penetra il presente, è molto importante dividerli anche in legge, io gioco con delle finestre-software nel mio quadro del bene e del male, scrivo di un fenomeno generale in tutte le persone dai giovani agli anziani. Sembra in generale la costruzione della copertura di casa o della nostra testa, l'imminente come una mancanza deve esser riempita o, un'associazione sbagliata deve esser chiarita.

Ho perso cosa scritto dagli inizi di febbraio per colpa di un virus al PC, anche per colpa mia non ne ho fatto una copia, peccato. Continuo quando faccio differenze tra bene e male a volte mi riferisco solo a dei post-it, dei cartellini su una figura, come delle carte d'identità non vengono riconosciute e mi lamento, altrimenti un bene o un male lo siamo tutti non c'è bisogno di star lì a parlarne se non per educazione. In un mondo esistente è per campare che si fa un bene o un male, almeno come forma di espressione. Una mancanza è una strada senza buche, non esiste, come solo un bene o solo un male. In questa confusione fin dove siamo oggi febbraio nell'anno zero sette, per essere più sicuri alle 10:20 dell'undicesimo giorno mentre è il compleanno di mio fratello, quelle invece erano direttive fasciste o vecchie mai rivisitate, non superate, non di sicuro funzionali per questo presente.

Un bene è una pratica, un'arte che va perseguita nel tempo, un bene è un partito, un male è un malato, un parassita ma forse stiamo solo viaggiando per tornare a casa in una vita non varia ma spenta. Un vestito crea l'identità o l'atmosfera, come occorre star sempre attenti a chi cataloga o ai cataloghi. La confusione è d'essere, ingarbugliata per confondere, diventa un gioco molto pericoloso oltre una perdita di tempo. Si può benissimo pensare siamo animali, che come tali il necessario è procurarsi quel che serve per vivere mangiare, dormire, esistere e decedere senza sapere non il perché ch'effettivamente per chi pensa così è chiaro ma, per che cosa morire. Io considero stratificare la vita in almeno due livelli stabili: vivere perché siamo animali e che ne sarà di noi dopo, servirebbe chiedere una mano a Dio da queste parti, ci vorrebbe un capovolgimento dell'ecosistema umano documentale, persistere per avere più di un'oncia dell'appagamento software intellettuale odierno. Restare giù per sempre in quella vasca o scatola che chiamano il mondo, per alcuni il solo fatto d'esser vivi basta non serve nient'altro, può essere già un modo se si è ricchi economicamente. Una cura che ho molto amato anche in passato è quella di abbandonare il mondo vero… per piacere è falso, comunque non di partire fisicamente per un altro mondo ma vivere questo con un altro approccio ideale, altri nomi, così d'esser io più artefice delle cose che mi circondano. Il posto secondo i miei calcoli lo paghiamo pure non completamente ma effettivamente dovrebbe essere il Comune, anche come il territorio. L'immaginazione è la chiave d'accesso per il tuo bene, in realtà quel che ti ricordi del bene. Occorre dare tanti nomi alle cose, così poi diventare realtà un'altra realtà, credo sia l'età adulta. Mi capita a volte di fermarmi a guardare, osservare persone che provano a uccidermi l'anima, cercando di capire quali benefici ne potrebbero trarre. Sai quando uno sale in alto ma veramente sopra insomma ch'è sazio poi ti parla, un'arte te la puoi inventare o, te la possono suggerire è la stessa cosa, già per evitare di fumare si fa tutto. Qui niente sembra perfetto cos'è già creato infondo porta la sua colpa, solo quel che deve arrivare è stato rovinato, sarà stata una qualche associazione mafiosa contro il bene o anche quella stupida corrente che come per tutte le cose prende tutti: la non riuscita, la gaffe... la brutta figura è anche un male viene creata per scoraggiare l'iniziativa. Ogni atto non è sbagliato, una riuscita sicura dipende da cosa ci associ intellettualmente, il solo fatto d'esser nati, un fatto l'ha fatto, è una base poi dipende dalla luce si, dipende dall'aerazione del locale, il colore del giorno e della notte... chissà quanti colori avrà l'appreso in quanto l'ho venduto, anzi l'ho comprato... ho dimenticato.

Sarà, forse è uscito il Sole dopo una mattina burrascosa, stasera uscirò. I miei pensieri non sono falsi o immaginari, scrivo di aprire gli occhi e magari la bocca. Il mondo da un decennio quasi a questa parte è cambiato con me dentro, sempre con le stesse persone, chi ruba e chi viene rubato. Quel che saranno l'arte, i soldi, il lavoro magari l'amore, prova a darti uno strappo e vedrai cosa trovi negli spazi già, se per uno fai per il resto ti fanno, è un guaio vincere il male. Quindi facciamo il possibile, il resto non è di nostra competenza. Uscirò con il mio cane, mi guarda insistentemente perché vuole andare fuori, vado un caffè e vado.

Un gioco, solo un gioco può trasformarsi in realtà o d'immaginario diventare un incubo o, un sogno. Il ricordo delle cose successe prima di tornare a casa, campisanti e resti mortali per le strade quando c'è ne sono. Si risale non c'è aria, qual gioco era la vita? Cos'è che fa così importanti i rapporti tra le persone, cosa succede se lasciamo stare e andiamo via, non ricordo dove ho messo quegli appunti, quel famoso verme forse si insinua ancora qui. Il mondo era privato quest'è il vero grande problema: cos'è privato dovrebbe essere pubblico, cos'è pubblico privato in linee generali.

La percezione non è un dono divino ma una cura personale, invece a volte sembra meglio non aprire quel discorso per non vedere quante cose negative ci sono, meglio spingere solo avanti. Il presente è tanto, il futuro non c'è, il passato non sembra vero se te lo vogliono rubare ma ciò che fatto è fatto, alla fine te lo ritrovi. Alla fine che brutta espressione, solo l'inizio è bello la fine non esiste, pensavo fosse così da grande invece mi trovo a vivere solo la fine che l'inizio è già stato. Com'avranno fatto tutte le persone a non conoscersi o, a conoscersi e dimenticarsi, cos'è possibile vedere? Così quel che 'l vietato per tre o quattro ragioni, o mille per essere più concreti. Tutto è possibile, anche capire se si vede una perdita, un abbandono, gli anni che passano, le persone che non si rivedranno più. Credere è vietato, cos'è esprimibile viene considerato fuori legge, non esistono gli esseri umani in questo pianeta al giorno d'oggi? Solo un male resta un essere umano. Io ho molte credenze, è bellissimo credere nelle cose… che le cose abbiano una anima, così mi avvicino di più al pensiero di sentirmi vivo, visto che sono una cosa.

Insonnia le persone sono o fanno le stesse azioni, invece di una nuova arte per la vita, senza ricordarsi di cosa è successo prima, ho sempre un dubbio qui ci sono solo io, e poi uno ci crede. Ti faccio vedere come sto, quant'arte era stata già creata. Un essere moderno ha proprio un bel da fare nell'anno zero sette, staremo sempre meglio credo, sempre qua anche domani. Buona consuetudine non svestire le persone per parlarci, se non in parte, a volte si resta perché non esistono altri posti. Un problema non soltanto davanti ma tutto intorno, di aiuti meglio no già, meglio una complicazione proprio imminente non era una questione personale. Dicono che i tedeschi lì uccido a vista ma ai comunisti ci avevano già pensato, perché non si può parlare.

Le parole sono mostri o sogni, non esisteva nessun altro fantasma questo era il mondo per me. Così si dice, cosa vuoi le persone creano delle barriere per non confondersi. In realtà ho riscontrato in questi giorni, in modo molto propizio che non solo non siamo italiani, francesi ecc. ma nemmeno abitanti della Terra. L'unico posto dove possibile la vita diventa nello spazio senza nessuna gravita, nel vuoto sganciarsi dal pianeta e levare i piedi da terra, non il contrario. Vero invece che noi viaggiamo tutti assieme, non è vero, che non è vero niente… come sono uscito dalla cella di questa gabbia per uccellini? Visto che sono uguali per tutti, ho aperto la porta e sono uscito, così dovrebbe essere ed è per tutti, quanto si complicano le cose per non dire A.

Un effetto bruciato in realtà nasconde uno stato di depressione o, una mancanza di spazio, se denunciato apertamente pubblicato o detto a un amico, rende la cosa molto meno pesante. Nel bene era solo un modo di tornare a casa o, siamo stati ma lì non c'era nessuno, rimane sempre un bene, un elemento, un essere umano altrimenti un gatto, un elefante o un cane, non è come la pizza che potrebbe riuscire male. Una rete esiste sempre tipo la famiglia, gli amici, la città, il resto del mondo, la religione vitale per continuare a vivere, già non collegarti è un male ti rovini, o questo è tutto 'l possibile disfacimento dell'essere umano esistente, che problema c'è? Solo tutto intorno una guerra per uno che se ne va, ne entra un altro poi che razza d'idiozie ci saranno nel mondo, cosa mi aspetta ancora oggi. Quando uno se ne va non entra un sosia ma lui stesso, per un chiarimento non si può gettare via la vita. Meglio dire occorre veder tutto, tanto non andiamo da nessuna parte per quanto si può dormire, perdere. No, non è una guerra si tratta solo di liberarsi da molti fastidi, quando tutto manca levare i piedi da terra e vivere nello spazio. Trovare ognuno la propria strada, infondo nessuno sa perché nessuno ci conosce o loro non hanno mai parlato con Bene, chi ci conosce in tutto da sempre. Forse qui un bene non può esistere, un male lo cancella ma lui non è l'acqua. Il tempo passa da un incidente è guarisce una ferita, esiste qualcosa che si può definire in mondo è il posto dove ci troviamo con tutte le cose che si vedono, così per rifondare i comuni per la maggior parte della giornata viviamo spenti, ma questo crea un'altra disfunzione a un livello generale, pesante, totale come se fossimo sott'acqua. Domani visiterò dei posti sommersi per rinfrescarmi, di cosa hai paura? Chiedo sempre io a me stesso. Le realtà si scontrano, forse non è altro che 'l silenzio o il consenso a non viver liberi. Voglio la possibilità di brindare per questo mondo non sbagliato, oggi per sempre. Un latrocinio indiscriminato succede ma a pensare al negativo no, uno Stato è il tale che dovrebbe occuparsene ma questa sarà un'altra scatola. Credi davvero che alla fine possono colpirti io no, basta inventare un discorso che ti libera, come un movimento ti sposta. Il mondo non è normale, la vita non è normale, forse il resto è troppo aperto servirebbe chiuderlo. Sento già la primavera arrivare, sarà colpa del tempo che sta facendo, mi dice lascia stare ogni dubbio, le cose che faccio son perfette così come sono, hanno un valore e saranno sempre migliori. Volevo dirti tante cose ma, mi sono scappate dalla mente… certo basta fare le cose semplici e tutti arrivano ma, quanto ancora più semplici erano quelle invenzioni costruttive non l'hanno scoperto. Esser svegli non è una forma vitale ma, un dato di fatto creato, esiste solo un modo per esser in vita oggi: è giorno, sono sveglio per forza, perché sono vivo, devo lavorare dovrei pagare per questo? Non ho fatto nulla ma da animale non posso dormire, come per me è molto importante questo fatto. Mi fermo sempre quando mi vietano di far qualcosa, poi rincomincio più in là, mi sono privato della libertà per darmi alla fuga, vedi non hanno rubato proprio nulla, finisci di farti male, reagisci tutto sarà disponibile, esistono tutte le persone, anzi c'è ne sono anche troppe in totale. Ridi, si soffre in realtà fino a quando si cade da un vuoto su un suolo. Quel che ci fanno fare deve aver un peso molto importante in questo mondo che falso non è poi, ma la cosa più bella, bellezza è soprattutto perfezione poi sarà in questa selva oscura la scoperta di un imprevisto, bisognava nascere pur da soli ma non per questo malsani, impara a far di tutto soprattutto che una grande perdita di tempo perché non lo finirai mai.

Notte, è quasi ora di accomodare anche quest'oggi che domani sarà di sicuro migliore, così anche se ho provveduto diverso tempo fa anche a domani, non lo so pensavo domani si muore… sono scomparso, mi hanno detto che m'elimineranno appena alzerò un dito, comunque che lo faranno lo stesso, rilassati le loro pistole non fanno nulla. Quanto è caro un sogno? trova un prezzo o saremo già tutti spenti, obsoleti senza valore. Mantenere gli occhi aperti sarà reato? Com'è aspro quel discorso, ci vorrebbe un po' di zucchero, non sparare sono già morto! Troppo in basso era il posto che si vive qui attorno, falsificato come si fa a non degenerare o, intossicarsi. Fuori dalla mia casa per bene, ogni tanto passa qualcosa che cancella, tante ingiurie, tutti si offendono anch'io oggi come un'infezione cioè è un'infezione ma, nessuno sembra saperne niente, si offendono e qualcuno lo sa, si continua in questo vortice dantesco, sarà bello cadere a terra per persone di cultura, almeno si è più felici o sarà pure idiozia tutto quel ch'esiste fuori per sembrare solo assenza in legge, la malattia o il malsano. Sono stanco mi rilasso, che tanto le guerre a quest'ora dovrebbe condurle qualcun'altro.

Se ti dicono il mondo è stato migliorato non significa che vivi del male, non sono le parole che ci mancano ma gli spazi che non ci sono. Nella felicità della solitudine, l'aggiunta d'esser ubriachi... alcool non era questa la vita? Adesso cosa guadagnerai sarà solo uno sforzo inutile. Questo posto lo paghiamo, dobbiamo lavorare e lottare per averlo, quindi si è seduti per restarci occorre ancora fare qualche sforzo. Tutti sotto un attacco maligno e quando si supera si resiste all'esistenza, ci si sente portati da un treno lontano da quel posto chiamato la disfunzione statica, non era un affare nostro personale ma, un territorio esistente frequentato, poi ci si trova anche viaggiando... guarda le persone che sono rimaste, sono dei prossimi paesi vicini.

Cosa vuoi che ti dico... sembrava un mal di testa invece era un altro mondo che voleva entrare, sbagliato di sicuro, solo un Dio può entrare nella mia testa. Le possibilità di questo mondo sono infinite? Non credo tutto è ben definito, almeno il novanta per cento calcolabile e realizzabile, non per questo ci sono persone che hanno superato. La vita è tua, tu la conduci, chi ti supera non esiste o, è già in un altro, più avanti, io lo chiamo bene che comunque esiste ma, al momento è una confusione, un caos per molti, una duplicazione degli umani non permette la riconoscenza.

Dal mondo dei morti non si torna, quindi non è vero che ci hanno incastrato per sempre, puoi sempre fuggire se non per ultimo suicidarti, scherzo. Sempre ipoteticamente qui si fanno tutti i discorsi, concretizzarsi in funzione è molto più reale di quel che viene proposto, come l'immaginazione è un dono molto raro da difendere, un dato che non fa scomparire il mondo ma lo fa comparire. Stiamo sempre per morire invece ci salviamo per andare a pranzo, non è finita. Un grattacielo non puoi pensare di costruirlo da solo c'è bisogno di persone, o qui iniziano i partiti ma questa è un'altra storia, io devo uscire. Un paradiso in terra anche se non ricordo sembra andare avanti, se non si vuol di più non si ha niente. Chi non vuole due volte non viene pagato o, meglio dire chi non muore due volte! Oggi compio trentuno anni, non ci parliamo mai per diverse ragioni, è proibito dire come una sorpresa noi eravamo già qui, ma in foto eravamo proprio noi, meglio sarebbe dire che un bene non si sa cos'è, chi è, che non è un sogno ancora non aperto. Il niente di promesso si dice ma anche 'l resto direi, come non si è parlato con nessuno, questo è un mondo verde naturale.

Forse possiamo recuperare, c'è scritto che si può sempre recuperare, gli abitanti non sono uva da calpestare, sarebbe la cosa più brutta. Conscio di non poter più fuggire, e domani ancora insetti ehm, insistetti resto ancora seduto fermo. In Italia ultimamente si sta bene, non si paga più la tariffa sulle schede telefoniche. A Cosenza amiamo proprio fare nulla, esistono tanti mondi ma uno solo è quello vero. Amo lasciare le persone libere... che bella giornata.

"Ci sono discorsi che addormentano, cose inutili che si superano in più saremo un fuori legge, si fa atto di una guerra come una forma d'arte."

Ciao, G.

"Concludo così questo mio primo diario, credo possa essere interessante ed utile per quanti vogliono far memoria storica su un non lontano passato. Ti auguro il meglio per tutte le sorprese che la vita ha in serbo per te. Buona fortuna!"

Gerardo D'Orrico
https://www.beneinst.it

Indice

Indice

IL BENE E IL MALE, MEMORIE

Di Gerardo D'Orrico

Terza Edizione marzo 2020

anni precedenti di pubblicazione

2007, 2014

Casa editrice

TEKTIME

ISBN 9788835412878

www.ingramcontent.com/pod-product-compliance
Lightning Source LLC
LaVergne TN
LVHW010337200726
843507LV00010B/1535